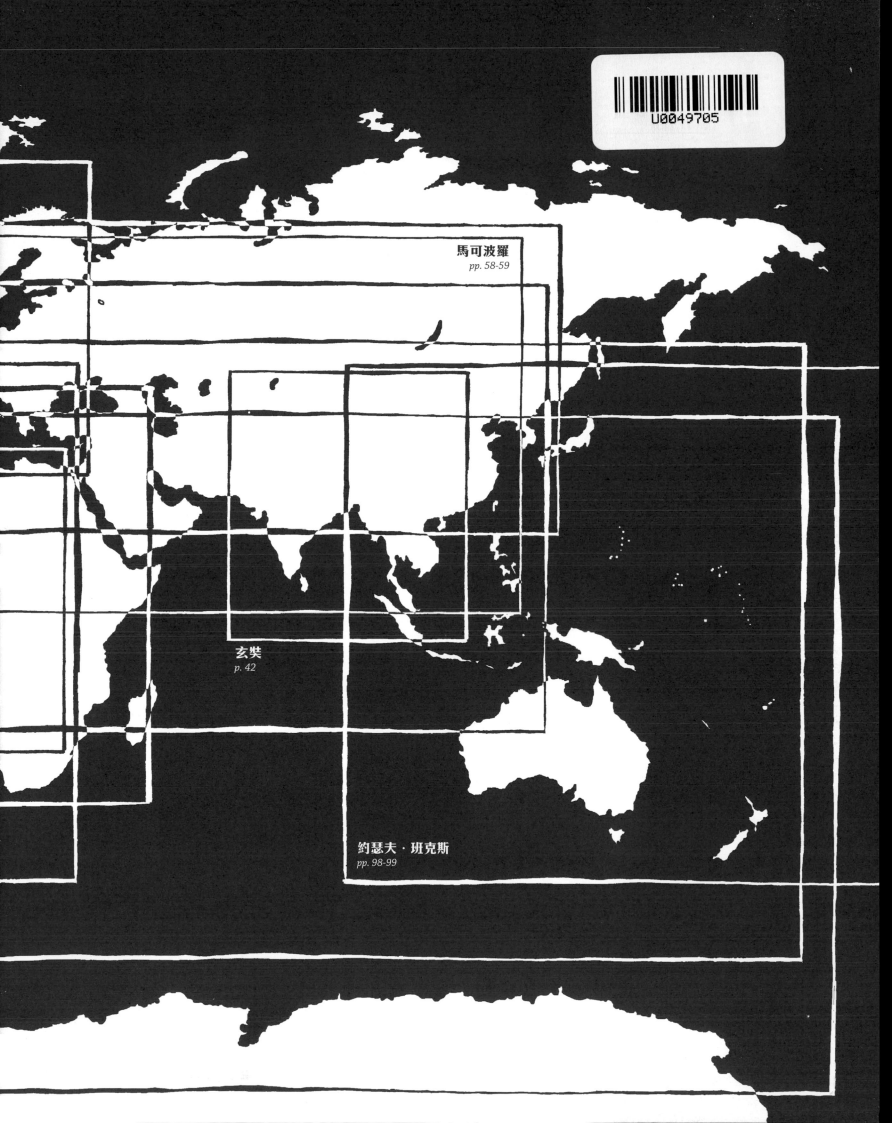

馬可波羅
pp. 58-59

玄奘
p. 42

約瑟夫・班克斯
pp. 98-99

國家圖書館出版品預行編目（CIP）資料

探險家旅行圖誌：歷史上的僧侶、自然學家和旅人的世界遊記
/ 伊莎貝.明霍斯.馬汀(Isabel Minhós Martins)文 ； 貝納多.卡瓦赫
(Bernardo P. Carvalho)圖 ； 張淑英翻譯. -- 初版. -- 新北市：步步
出版, 遠足文化事業股份有限公司, 2021.06
　　面； 公分
譯自：Atlas das viagens e dos exploradores : as viagens de monges,
naturalistas e outros viajantes de todos os tempos e lugares
ISBN 978-957-9380-81-2(精裝)

1.遊記 2.世界地理 3.青少年文學

719　　　　　　　　　　　　　　　　109021106

探險家旅行圖誌
歷史上的僧侶、自然學家和旅人的世界遊記

文　伊莎貝・明霍斯・馬汀 Isabel Minhós Martins
圖　貝納多・卡瓦赫 Bernardo P. Carvalho
譯　張淑英

步步出版
執行長兼總編輯　馮季眉
編輯總監　周惠玲
責任編輯　徐子茹
編　　輯　戴鈺娟、陳曉慈
美術設計　劉蔚君

讀書共和國出版集團
社長　郭重興
發行人暨出版總監　曾大福
業務平臺總經理　李雪麗
業務平臺副總經理　李復民
實體通路協理　林詩富
海外暨網路通路協理　張鑫峰
特販通路協理　陳綺瑩
印務經理　黃禮賢
印務主任　李孟儒
發行　遠足文化事業股份有限公司
地址　231 新北市新店區民權路 108-2 號 9 樓
電話　02-2218-1417
傳真　02-8667-1065
Email　service@bookrep.com.tw
網址　www.bookrep.com.tw

法律顧問　華洋國際專利商標事務所 蘇文生律師
印刷　通南彩色印刷有限公司
初版　2021 年 6 月
定價　600 元
書號　1BSI1065
ISBN　978-957-9380-81-2

特別聲明：本書僅代表作者言論，不代表本公司／出版集團之立場。

步步出版
Pace Books

探險家旅行圖誌

歷史上的僧侶・自然學家和旅人的世界遊記

文／伊莎貝・明霍斯・馬汀　圖／貝納多・卡瓦赫　譯／張淑英

我們能夠想像一個沒有地圖，或是沒有人居住的世界嗎？

在我們成長的過程中，會漸漸知道自己在哪兒，別人在哪兒，而我們又要花多久時間才能到達別人所在的地點。今天的我們，生活在一個處處充滿影像、地圖和各種符號標示的世界裡，也許很難想像，生活在一個沒有地圖的地方會是什麼樣子？（這真的要很有想像力欸……）

可是，在很久以前，世界本來是沒有地圖的。讓我們來思考一下：很久以前的人是不是也曾想像，除了自己腳踩的土地以外，是否還有其他的陸地存在？在自己知道的世界以外，是否還有其他未知的世界？

事實上，要憑空想像未知的世界真的很困難，畢竟跟自己生活的世界大不相同、既遙遠又陌生的地方，該從何想像起呢？除非我們有故事。無論是流言傳說、奇聞軼事還是未解之謎，故事總能啟發我們去想像不存在的事物，去猜測我們還沒見識過的東西。漸漸的，這些對未知世界的想像，會召喚出我們的好奇心，讓我們坐立難安。很多時候，一旦好奇心被喚起，這股強大的力量就會催促人們從所在的地方出發，彷彿有千百隻手將我們推上旅途。

（就這樣，人們出發了！）

你一定聽說過，人類的想像力沒有極限。和想像力一樣，世界也沒有極限，因為我們還沒完全認識它。我們不知道世間萬物是從哪裡開始、從哪裡結束；它們瞬息萬變、沒有邊界，我們難以估量它的全貌——也就是說，這個世界還沒有被定義。所謂定義的意思就是：畫出一條探索知識的終點線。

當世界上還沒有地圖時，人們如果想了解世界究竟是什麼樣子，就得從地球的一端跑到另一端，去發現還不認識的事物，找出隱藏起來的真實，開闢阻隔重重的道路；去跟陌生人接觸，並見識從未見過的動物和植物；同時，也讓自己那顆被冒險所鼓動的好奇心與滿腔熱情，去戰勝所有的恐懼——面對陌生世界的恐懼、有可能一去不回的恐懼、或是面對任何突發事件的恐懼。所以，故事是怎麼開始的呢？我們不知道，只能靠想像。

（那就讓我們開始想像吧……）

某一天，有人率先行動了，他們出發，從一個地方來到另一個地方。於是，兩個毫無關連的地點，第一次有了連結。一條路線被畫下：第一張地圖誕生了。隨著時間的累積，更多地圖出現，而和這些地方相關的訊息，也零零星星的浮現，漸漸拼湊出世界的全貌。只是在這時候，許多地方之間還沒有關聯，地球上的疆界也沒有明確劃分。由於未知的地方非常多，地圖上許多地方都還是空白的。

你能想像嗎？地圖上的那些空白，會激發人們無比的興趣和好奇心。令那些好奇的人和冒險家心癢難耐、興致勃勃，胸中無法抑制的壯志，催促他們去探險，去看看那廣袤無垠的空白之地……。

（而當人們認識得更多……又產生了更多想像！）

人們繼續想像，還有哪些地方像是被簾幕蓋住、被雲層遮住般，等待著被發現。一次又一次，人們推敲手中已知的隻言片語，挖掘其中隱藏的重要線索——所謂發現，就是把蓋住的簾幕掀開，把遮掩的雲層撥開，讓未知的世界真相大白。

就這樣，探險家和旅行者讓世界的樣貌更加具體，也讓我們和未知世界產生更多關聯，因而更加親近。

所以，今天人們才能夠精準的知道地球的大小：我們知道它的直徑多長[1]，也知道它是一個球體，甚至更精確一點的說，它是一個南北兩極稍微扁平的橢圓形。我們可以閉著眼睛，就畫出海岸線，把地球分割成陸地和海洋；我們也知道河流源自哪裡，從哪裡注入海洋；哪些山是世界最高的山；哪些地方是森林、叢林、沙漠、草原或是冰川。

探險家和旅行者也讓我們知道，中國在哪裡、紐西蘭在哪裡，北極、維德角、好望角、澳洲、印度、直布羅陀海峽和麥哲倫海峽；還有塔克拉瑪干沙漠、恆河、裏海、烏拉山脈、安地斯山脈、蘇門答臘島、欽博拉索火山、古巴、巴塔哥尼亞、還有一個叫做達爾文的城市。

（當我們知道了這些，怎會不渴望知道得更多呢？）

而且，為了讓地球不再有空白的地方，眾多探險家和旅行者還提供我們其他重要的知識：可以相互比較的地點和參考資料。透過比較，我們可以說出：「這座山比較高，因為我們知道有另外一座山比較矮。」「這個地方比較近，因為我知道另外有個地方比較遠。」「這片海洋浪濤洶湧，因為我曾經航行過比較風平浪靜的海洋。」

每當我們從自己所在的地方出發時，就會更加認識自己，因為我們更明白什麼叫做不同，而所謂的「他者」（不同的人或是不同的事物）會幫助我們找出脈絡軌跡，並持續建構出我們的身分認同。

但還沒完呢！這樣的追尋之旅永無止盡，因為隨時會有新的事情發生，就在當下的每一時，每一刻。

---

1) 12742公里。這是地球的平均直徑。要知道地球並非完美的球體，所以赤道周圍的直徑稍微大於南北極方向的直徑。

目錄

沒有路的時候，
誰會是開路的先鋒？

幾個世紀以前，人們從一個地方遷徙到另一個地方，理由通常都是為了生存。不管是單獨行動或是成群結隊，男男女女篳路藍縷，開天闢地。也許是因為原來生活的地方物資缺乏，氣候惡劣不適人居；也許是發生可怕的戰爭、或是暴君專制，讓大家無法安居樂業，於是人們想要移居。即使到了今天，還是會有這樣的事發生。

然而，當我們提起歷史上偉大的旅行時，那些出發的動機總是跟我們以為的大相徑庭。最常見的情況是，有一個強大的國王或皇帝想要征服別人的土地，或是想掌控特定地區的商品與貿易。

當某個地區的人民發現，他們居住的環境沒有足夠的水資源或土地來維持家人的生計時，就會開始遷移。他們被迫前往不認識的異地，去找尋生活條件更好的地方。可想而知，在那個古老遙遠的年代，旅行的時候手上是沒有任何地圖的……。

十七和十八世紀的時候，很多葡萄牙人和西班牙人前往巴西，都是因為受到當地的礦產和貴金屬所吸引：例如黃金、白銀或鑽石。而最初前往北美洲的探險家，則是為了動物毛皮的生意，讓他們不遠千里，走遍當時尚未開發的區域。

西元前二世紀，中國的張騫出使西域則有另外一個目的：結合盟國來抵禦威脅北方邊疆的強悍匈奴。十三年後，張騫滿載而歸回到中原，講述他旅途中所看到的豐富進步的文明。

從這麼多的記載看下來，其實，歷史上並沒有太多純粹因為喜愛冒險而去旅行的例子。

情況到十八世紀時才有了改變，有些旅行探險，開始起源於對世界的好奇和探索的欲望。有的旅行經過具體規畫，是基於戰略理由，例如在特定的地點建立一座碉堡，以達到軍事防衛目的。更多時候，則是為了貿易經商；而當有科學家同行的時候，就又是另外的目的了。當然，有時情況會反過來，旅行完全是為了科學目的而規畫，若是這樣，航行船隻上就會有地質學家和自然學家，可能還有外交官同行，他們肩負跟其他國家建立友好關係的任務。

那個時候還沒有攝影機，因此旅行路上需要有藝術家隨行，他們可以畫下旅途中所遇見的人、動物或風景。英國畫家威廉·霍奇（William Hodges），曾參與西元1772年到1775年庫克船長的第二次太平洋之旅，帶回了南極洲和大溪地珍貴的繪圖紀錄。

**有件事一定要跟各位讀者說清楚：
最有名的探險家不一定是最早抵達當地的人。**

當一位探險家——特別是那些我們比較熟悉的——抵達某個地方時，那裡通常已經有原住民定居了。而另一種可能的情況，就是更早的時候已經有探險家去過，但他們旅行的紀錄沒有保留下來（或是沒有傳到我們手裡），因此沒有人知道。這些遺漏的細節不一定都是正確的，也不影響那些著名探險家的貢獻，不過我們在讀書或跟別人講述的時候，還是必須審慎思考該如何敘述這些歷史。

舉例來說，是「發現」還是「探險」？

這兩種旅行有什麼不同？所謂「發現」之旅，是針對某個特定的地方開闢一條新路線。這條新路線把兩個以往沒有交集的地

方連結起來（同時也替通商貿易打開了一條路）；而「探險」之旅，可能沒有特定的目的地，但是在途中有機會見到新的土地、人群和物種。一旦探險家返回故鄉後，就能描述他們的見聞，以及關於不同文化的點點滴滴。

- -

洪堡（Alexander von Humboldt）曾在南美旅行多年，回到歐洲後就開始寫作，記述他所學到、看到的一切。之後他到了巴黎，舉辦一系列演講，分享他所觀察到的事物，展示他取樣帶回的新物種標本。可想而知，演講廳上當然擠滿了人，大家都很好奇啊⋯⋯。

這裡也先讓各位讀者有個概念，當哥倫布抵達加勒比海時，那裡已經住著幾千個印地安原住民了——有人還更誇張的說，有上百萬人了。

此外，還有另一個文字使用方面的例子：我們應該說「發現」，還是「不同的族群彼此相遇」？

前面我們提過，地球上很多陸地早就已經有人居住，只是當時歐洲人還不知道。因此，很多人認為對於這些旅程，比較正確的說法是「跟不同文化的族群相遇」，而不是「發現」。這些因為好奇心引發的相遇，也可能造成彼此不信任、害怕或者誤解。

舉個因為文化差異而造成誤解的例子：知名的摩洛哥旅行家伊本‧巴圖塔（Ibn Battuta）曾說，有一天他走近河邊，想要便便，沒想到陪伴他的原住民不但沒有依照他的要求，讓他保持隱私，反而靠過來看著他。這讓伊本覺得很不自在，認為原住民「沒規矩、不禮貌」。直到後來他聽人說起，這位原住民並不是魯莽無禮，而是當時岸邊有一隻鱷魚，他想要就近保護伊本。

瑪麗‧金斯萊（Mary Kingsley）是一位英國探險家，她曾描述自己的親身經歷，提到與西非原住民部落溝通的困難，除了彼此使用不同的語言，雙方對世界的認知也大不相同。例如，金斯萊不懂這些原住民部落的用詞，為什麼漲潮時，這條河是某個名字，退潮時，這條河又變成另一個名字。

直到探險隊攜帶槍砲火藥，逼迫原住民繳械，交出全部的家當，如果他們不從，就一不做二不休的射殺。除了這些失控脫序的暴行，探險隊也常帶著許多疾病來到「新世界」，造成大量的死亡。成千上萬的原住民死於天花、梅毒或是小小的流感，只因他們體內的免疫系統無法抵抗這些外來的陌生病毒或細菌。

當時的情況可以證實外來入侵者所犯下的暴行。今天我們回顧歷史，看待過往，不能絕口不提當時的醜陋情景，這些行為可是一點都不值得歐洲人引以為傲。

我們後面也會介紹的洪堡，就跟當時許多人不一樣。他尊重當地的原住民，而且深受他們的知識吸引。例如他就對原住民的能力誇讚有加，因為他們只要舔一舔從樹幹切下的樹皮，就能辨識樹木的種類。

萬事不盡美好，要勇敢説出來

凡事總有陰暗面，必須有人說出來。這也是西方探險家們旅行常遇到的事情。每當有船靠岸，停泊在陌生的陸地時，探險隊經常與當地人發生糾紛，甚至造成嚴重死傷，受害者通常都是原住民，他們原本和大自然和平共處，相安無事。

值得被歷史記載的人物

前面我們已經提過一些來龍去脈了。當地的原住民，看到初來乍到的外地人，會感到恐懼與不信任，但是也有一些原住民和外地人和睦相處的好例子。在這樣的情況下，外地人可以在原住民的引導和幫助下，遍訪許多不認識的地方。

很多時候，外地人難免會濫用原住民的殷勤好意，這也是事實。但並不是所有人都如此。

舉個例子：西元1953年攀登聖母峰的壯舉中，紐西蘭登山家和探險家艾德蒙‧希拉里（Fdmund Hillary），就是在當地雪巴人丹增‧諾蓋（Tenzing Norgay）的嚮導下，成為最早成功登頂聖母峰的人。

從那邊走！

另一個例子：一次穿越北美洲的重要遠征探險，有位叫薩卡加維亞（Sacagawea，1788-1812）的休休尼族原住民，她協助遠征隊選擇最有利的捷徑。

女人在哪裡呢？

為什麼女性探險家比男性探險家少呢？幾個世紀以來，在世界上大部分的社會體系裡，女人都是處於比較低下的地位。大家先要有個概念，那就是在十九世紀末以前，全世界的女人都沒有投票權，也幾乎不能享有任何財產所有權。生活上，她們必須做家事、養兒育女，即使是社會地位較高的有錢階級，女人一樣不能受教育，或是出外工作。同樣的，當然也不能出去旅行，當時普遍認為這些拋頭露面的事情不適合女人。

旅行，尤其是女人單獨旅行，幾世紀以來都十分罕見（因為社會觀感不佳）。但是，這並沒有阻止女性去挑戰她們所處的時代與社會：她們證明自己的膽識，勇於開天闢地，面對所有可能的挫折。

芳妮‧沃克曼（Fanny Workman，1859-1925）是歷史上最早的幾位女性登山家之一。在她結婚有了小孩以後，仍然繼續做自己喜歡的事：爬山、騎單車旅行、去探索世界。

- -

荷蘭探險家亞麗珊卓琳‧提內（Alexandrine Tinné，1835-1869）也是其中一位傑出女性。她在母親、姨媽和幾位女僕的陪伴下，為了一探尼羅河的真面目，而踏上非洲的征途。

26

誰在這艘船上？

為了讓這本書具有較高的代表性，我們選擇了不同時代、不同國家的幾位探險家。而且雖然為數不多（原因我們前面已經解釋過），我們也納入了幾位女性。我們選擇的探險家或旅行家，主要以獲得大多數人的敬重、他們探索到的異文化重要性、或是發現的大自然生物多樣性為考量。但是，我們可別忘了，這些探險家生活在當時的時空環境，他們的思維和價值觀自然會受到所處的時代和社會影響。我們只要回溯歷史上近幾十年來的一些觀念就會明瞭，今日我們耳熟能詳的「人權」或「生物多樣性」（簡單舉這兩個例子），這些可不是他們認識的詞彙，更不是他們關心的話題。

我們不磨滅歷史，也不用光鮮亮麗粉飾太平；我們會彰顯受到大家敬重的旅行，呈現其中的點滴細節；也會補充一些我們覺得不那麼光彩的事實和文獻。

有一件事是千真萬確的：不管是正面還是負面，我們都可以從每一位探險家身上學到對於當代的啟示和教訓，不論是植物生態的保存，或是尊重不同的文化和人權。這些議題，不管經過多少世紀，都不會喪失它們的重要性和時代意義。

旅途愉快！

啟程的年分

西元 1245 年
若望・柏郎嘉賓

西元 629 年
玄奘

西元 1271 年
馬可波羅

西元前 350 年
皮西亞斯

西元 1325 年
伊本・巴圖塔

西元 **1894** 年
瑪麗・亨莉達・金斯萊

西元 **1799** 年
洪堡

西元 **1487** 年
巴托羅梅・狄亞士

西元 **1768** 年
約瑟夫・班克斯

西元 **1831** 年
達爾文

西元 **2000** 年

西元 **1767** 年
珍妮・巴雷

皮西亞斯

一趟邁向世界盡頭的旅程

在皮西亞斯的時代，直布羅陀海峽就像一扇深鎖的大門，

希臘人的船隻無法通行。皮西亞斯卻勇敢的穿越到海峽另一邊，

而且還寫了遊記。他依賴星辰的指引，到達大不列顛島嶼，甚至前往更北，

一直到海洋和大氣都凍結的地方……他到底去過哪些地方呢？

誰是皮西亞斯？

我們並不十分確定。我們只知道他出生於西元前四世紀，在希臘的馬薩利亞（Massália，也就是今天法國南部的馬賽[2]）。當時城市的總督託付他一項探險的任務，目的是去找尋由迦太基人所掌控、具有高價值的錫礦坑，好促進城市的貿易活動。

為什麼希臘人的船隻沒有經過直布羅陀海峽？

因為在那個時代，直布羅陀海峽被迦太基人掌控。嗯，這麼說好了，迦太基人是波斯人的結盟戰友，而波斯人和希臘人正好是死對頭。因為這樣，希臘人的船隻無法經過直布羅陀海峽。除此之外，還有一個重大的原因：那就是迦太基人掌控了金屬礦產的貿易，他們不想喪失主控權，不願意讓別人分一杯羹。

皮西亞斯如何成功渡過直布羅陀海峽？

我們也不清楚。有可能他從陸地到某個港口後，在那裡打造了一艘船。也有可能是他極為機警的航行到直布羅陀，然後成功穿過海峽。無論是用什麼方式，他都順利的瞞過迦太基人的監控。

皮西亞斯沒有地圖，為什麼不會迷路？

皮西亞斯是當時知名的地質學家、數學家和天文學家。一般公認他能透過極地星星的位置，計算出陸地上任何一個地方的緯度。另外還有一種可能，就是他在探險途中求助其他的旅行者，獲得資訊來辨識方向。

皮西亞斯想方設法找尋錫礦的源頭，因為錫跟銅混合以後，可以製成青銅，而青銅可以用來做武器、工具、貨幣或是裝飾品，是那個時候最常使用的金屬。

---

2) 西元前六世紀由希臘殖民者所建立的城市，而這些希臘殖民者是從今土耳其的境內遷移過去的。當時馬薩利亞是地中海兩個重要的商業港口之一。

直布羅陀海峽在古時候也叫做「海克力士之柱」
（大力士之柱）。傳說海克力士的十二項偉業當
中，其中一項就是推開歐洲和非洲之間的陸地，
用他魁梧有力的肩膀打通直布羅陀海峽。

皮西亞斯的旅行路線

① 出發：馬薩利亞（馬賽）

② 康瓦爾（英國）
皮西亞斯和他的航行隊一路上走走停停，逗留過許多地方：一方面補給船隻原料和食物，一方面記錄航行途中的地理特徵，以及當地居民的風俗。

③ 蘇格蘭
旅行途中，皮西亞斯注意到白天的時間長短不一。在蘇格蘭北部，有一位居民告訴他，往更北一點的地方，一年當中有些時節，夜晚只有兩個小時。

④ 奧克尼群島
皮西亞斯隱約看到一條巨大的魚，正在海岸邊噴水⋯⋯。那會是什麼東西呢？

⑤ 圖勒（這是哪裡啊？）
皮西亞斯不太確定這裡是什麼地方，於是把這個地方描寫成世界的盡頭。我們推測有可能是昔得蘭群島或是冰島⋯⋯。

⑥ 北歐某些地方
哎呀！皮西亞斯看到海面上一片片浮冰漂流，四周濃霧瀰漫，彷彿被團團包圍，分不清方向，他一輩子都沒看過這種景象⋯⋯。評估在這種情況下不可能繼續航行後，他於是決定折返。

⑦ 造訪琥珀海岸（波羅的海）
在回家的路上，皮西亞斯決定去一個地方，據說那兒盛產琥珀（是一種樹脂化石，可以製成裝飾品）。

我們可以從皮西亞斯的旅程學到什麼？

有許多民族，像是腓尼基人或迦太基人，航行到北歐從事貿易活動已經有很長的時間，而皮西亞斯離開地中海到其他地方，對那個時代的希臘人而言則是創舉。但真正使皮西亞斯名留歷史的，是他留下的詳盡記載：鉅細靡遺的描述他的所見所聞，他遇到的當地居民、他們的生活習慣，以及和他家鄉的風土民情的種種不同。

這本叫做《關於海洋》的遊記，就跟許多古書典籍一樣，很可惜，全都遺失了。我們都是從後來的文獻中才知道這本遊記的內容，很多時候還是第二手、第三手的資料。

舉例來說，古希臘史地學家史特拉波曾提到：「地理學家喜帕恰斯說皮西亞斯曾經寫下……」像這樣的間接引述，其實很難確切知道皮西亞斯究竟寫了什麼……。

- -

最匪夷所思的是，幾乎所有讀了皮西亞斯遊記的人都嘲諷他（其中大部分還都是知名的地理學家），他們說他寫的都不是真實見聞。史特拉波毫不客氣的直指他是「愛賣弄」、「大說謊家」；說他寫的都是「杜撰的」、「對海洋周邊的國家一無所知，往西往北都搞不清楚」。

雖然如此，時間證明皮西亞斯很多時候都是對的，他所測量的緯度相當精確，有幾個例子和今天的測量結果可說百分之百吻合。

我們從皮西亞斯的旅行學到寶貴的一課，就是凡事要留餘地，對那些表面上看起來完全不可能的事情，保留一點判斷的空間。這個態度很重要，如此才能促進科學和觀念的革新與進步。

- -

西元前六世紀時，大約比皮西亞斯生活的時代早三個世紀，一個叫阿那克西曼德的希臘地理學家，畫出了公認世界上的第一張地圖，這張地圖大概像是下方呈現的樣子。

後來皮西亞斯和其他的航海家，參考更多不同方位陸地的資料後，所繪出的世界地圖就更進步了。下面你看到的這張地圖，是西元前二世紀的地理學家厄拉托西尼繪製的。

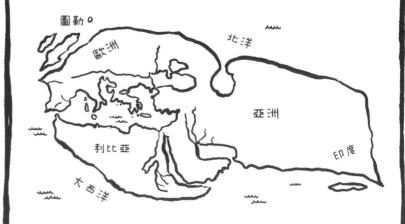

舉一個例子：皮西亞斯航行到大不
列顛群島北部時，說他看到高達30
公尺的巨浪，而所有人都認為不可
能。皮西亞斯的說法聽來固然有點
聳動，但是今天我們知道，在強
勁密集的風勢下，是有可能捲
起這種大浪的。

玄奘

一個走在絲綢之路上的僧侶、哲學家,同時也是翻譯家

很多時候,書本上的內容並不能完全打動或說服我們,

因為這個緣故,我們就會有想出去一探究竟的念頭,

去看看、去體驗書裡寫到的地方。

這個情況就發生在玄奘身上——他是一個中國的佛教僧侶,

在西元七世紀的時候,旅行到了印度……

一趟追尋精確文字的旅程

玄奘於西元602年出生在中國東北一個書香門第的家庭。他接受的教育深受儒家思想的影響，孔子是他的父親致力師法的哲學教育家，推崇儒家的公平正義、尊師重道、慎終追遠的價值觀。

玄奘在父親死後，受到兄長的影響而出家為僧，這個時候，他不僅對孔子的理念感興趣，更開始著迷於研究佛經。他注意到許多佛經的說法彼此有矛盾，並歸納出問題的癥結應該是出在翻譯。

由於身邊的兩位老師已經無法為玄奘解惑，於是他便想要前往佛祖和眾多信徒弟子曾經修法的地方——印度，去尋求佛法。他希望在那裡可以找到佛經的原典，閱讀當地的經書，這樣才能和自己所讀的融會貫通。但是這趟路程並不容易。

千里迢迢，他得走過著名的絲綢之路，翻山越嶺，橫渡沙漠、森林和湖泊——就跟我們讀過的故事裡所講的一樣——這條路彷彿一條沉睡的巨龍忽然覺醒，要來嚇阻往來的旅人……。

孔子的至理名言
（千萬不要忘記）：
「己所不欲，勿施於人。」

玄奘的旅行路線

❶ 出發：長安（今日的西安），西元629年

當時中國有些動蕩不安。玄奘並沒有得到朝廷發的「過所」（相當於現在的護照），於是決定私自偷渡國境，騎著一匹老馬啟程。

❷ 酒泉

剛開始，玄奘只能在夜晚上路，白天躲藏行蹤，但他最終還是迷路了。幸好靠著身邊那匹老馬的直覺，才能引領他到有水的地方。

❸ 吐魯番

玄奘行經吐魯番時，國王麴文泰以隆重禮遇供養他，想要強留玄奘做為國家的導師。玄奘絕食抗議，國王才作罷，讓他繼續前往印度的旅程。

❹ 塔克拉瑪干沙漠

在這裡遇到沙塵暴，玄奘後來寫道：「在某地遇到大風暴侵襲，筋疲力竭，差一點就喪命。」

❺ 巴克特里亞地區（今日的帕米爾以西，阿富汗一帶）

玄奘穿越了鐵門關，也是帕米爾高原群山中最狹窄的隘口，當時是商賈、竊賊頻繁出入的通道，當然也是僧侶翻譯家必經的道路。

❻ 恆河

進入印度以後，玄奘開始造訪和佛陀有關的聖地。

❼ 那爛陀寺

玄奘抵達著名的佛學研究中心那爛陀，這裡大約住著一萬名僧侶。他先熟練掌握幾種語言之後（尤其是梵文），便繼續鑽研佛學經論。玄奘在這裡待了很長的時間，成為一位相當知名的學者。

❽ 印度河

在橫渡印度河的時候，玄奘遺失了一些手稿（那些他想要研讀並翻譯的原文佛經），以及他所蒐藏的一些植物種子。

❾ 回到長安，西元645年

皇帝（唐太宗）熱烈歡迎玄奘歸來，要給他官位，但是玄奘拒絕了。餘生他只想致力翻譯佛經。他一共帶回超過五百箱原文佛經。

我們可以從玄奘的旅程中得知什麼？

龍！還有其他有鱗片的怪物！

才一回到家，玄奘就接到皇帝的命令，要他寫下旅行遊記。這部（超級大的）遊記，描述了他旅途中的每一段見聞，也提到他所看到的奇異生物，嚇壞了許多從那些地方經過的旅人。

呼咪！

寫到大清池（即今天的伊塞克湖）時，玄奘描述：

「湖水的顏色是青黑色，味道苦而鹹。湖面波濤洶湧，浪湧到岸邊時就消失無形。湖泊裡龍和魚共同棲息。在某些特別奇妙的日子，長有鱗片的怪物會浮出水面，旅人經過時，就會對著它們禱告，祈求一路平安。」

玄奘給所有想從這裡經過的旅人一個忠告：

「行經此地的旅人，千萬不要穿紅色的衣服，也不要使用會叮噹響的葫蘆。3」

有趣的是，玄奘後來成為佛學中瑜珈行派的大師，其中最主要的理念是這樣：

「世界是我們心智唯識的表現。」

意思是，我們以為的真實，往往是我們在自己的腦中建構出來的，而外在的世界，並不是我們的感官告訴我們的樣子（如今科學家也發現這個現象）。

換言之，也許玄奘了解到飢餓、疲憊或是恐懼，這些心緒會影響我們認知世界的方式，因此他才會看到龍，或是其他的奇異生物（又或者這些生物可能真的存在。誰知道呢？）

一趟身體與心靈的旅程

玄奘旅行到印度，是為了「詰問」佛法大師，請大師開釋他心靈的疑惑。這趟旅程的重要性不僅是展現身體力行的意義——靠那匹老驥伏櫪的馬，千里迢迢帶他跋山涉水到印度——也是心靈認知上的意義：找尋大師請益，為他解惑釋疑，並在翻譯佛經的過程中，幫助他找到最精確的文字。

---

3) 古代經常使用葫蘆當做水壺等容器，上面會用小鈴鐺裝飾。

關於翻山越嶺的驚險
經歷，玄奘這樣寫下：
「道路崎嶇顛簸，狂風冰冷凜
冽。經常有兇猛的蛟龍出沒，嚇
阻並攻擊經過的旅人。」

若望·柏郎嘉賓

一個間諜修士與蒙古人的相遇

當教宗指派若望·柏郎嘉賓規畫一趟旅行時，他已經是花甲之年了。
旅行的目的是要跟蒙古的大汗會面，因為當時蒙古軍隊大舉西進，
嚴重威脅到歐洲。不幸的是，柏郎嘉賓並沒有帶回和平的訊息，
倒成了最早記載東方人和東方民俗風情的西方人。

一趟為了認識敵人的旅程

早期歐洲和亞洲的旅人當中，有的是僧侶、修士和宣教人員。有一些僧侶從中國出發，到印度或西藏求法，找尋他們所信仰宗教的聖書（例如佛經。在本書第39頁，我們已經認識其中一位）。而在歐洲，這些旅人通常也都是神職人員（特別是天主教），他們奉教宗或國王的諭令出使，前往亞洲。

若望·柏郎嘉賓就是這些宗教旅人之一。他西元1180年出生於義大利的佩魯賈，追隨在亞西西的方濟各門下。亞西西的方濟各就是方濟會的創始人。

誰怕蒙古人？

西元1240年，蒙古人在攻佔基輔城後，乘勝兵分二路進攻，進入今天的德國和匈牙利領土。其中，在匈牙利的穆希（蒂薩河之戰）和波蘭的列格尼卡（列格尼卡戰役）分別發動了兩場慘烈的戰役，蒙古軍隊大勝，鐵蹄席捲這兩座城市。但是沒過多久，出人意料的，蒙古軍隊撤軍了！很多人以為這是因為蒙古人怕了，事實上，蒙古軍撤返是為了要回國選出新的大汗（當時在位的大汗正好在此時駕崩了）。

蒙古人騎馬的時候隨時都是弓上弦，弩張即發。蒙古騎兵個個讓人聞之喪膽。有人甚至認為蒙古人是半人半馬，也就是傳說中人身馬腳的動物。

一位旅人修士……竟然是間諜！

為了調查侵略行動的來龍去脈，了解蒙古人真正的企圖，教宗依諾增爵四世決定派遣一位特使去見蒙古大汗。教宗挑選了若望·柏郎嘉賓，交給他兩項不同的任務：一是讓蒙古大汗改信天主教；二是蒐集蒙古人的生活習性和軍事兵法（換句話說，就是進行間諜的工作）。柏郎嘉賓攜帶了一封教宗的親筆信函，要呈獻給新的大汗。

喝！

中世紀時期，人類的平均壽命通常不超過五十歲。
當柏郎嘉賓出發時，他已經六十歲了，
在那個年代完全算是個老人，可是，
這並沒有阻擋他踏上這趟異常
艱困的萬里旅程。

若望·柏郎嘉賓的旅行路線

1 出發：里昂（法國）

西元1245年的復活節，柏郎嘉賓在波希米亞的史蒂芬修士陪同下啟程。

2 克拉科夫

波蘭的本篤修士在這裡加入，擔任他們的翻譯。

3 烏克蘭

一路來到烏克蘭，遇到暴風雪。柏郎嘉賓病得很嚴重，必須改用車子代步。到了基輔以後，他們換騎韃靼品種的馬，比較耐勞。

4 聶伯河

他們遇到大批蒙古軍營。柏郎嘉賓說明原委，本篤將他們的來意翻譯給蒙古軍聽了之後，改由蒙古嚮導陪同他們上路。

5 窩瓦河

在窩瓦河岸，一行人被強迫施行淨身儀式：他們必須走過火堆，先讓火去除身上的穢濁，才能觀見欽察汗拔都。拔都發下敕令，允許他們去觀見新大汗。於是一行人再度出發，這次的目的地是哈拉和林，也就是蒙古帝國的首都。

6 前往哈拉和林路上

為了克服旅途中長時間騎馬的疲憊，他們用織布束腹裹身（這樣不但能保護體內的器

亞 洲

烏拉山脈

巴爾喀什湖

蒙古高原

哈拉和林

官，也比較舒服）。

⑦ 抵達哈拉和林

　　經過106天，將近五千公里的旅程，終於抵達目的地。在首都，他們出席新大汗貴由（成吉思汗的孫子）的登基典禮，柏郎嘉賓把教宗的親筆信函交給貴由汗。

⑧ 返回歐洲

　　幾個月後，柏郎嘉賓等人獲得允許，可以啟程返國。他

們隨身也攜帶了蒙古大汗回覆給教宗的信函，信裡斬釘截鐵的寫道：「汝等得親臨大蒙古國晉謁，宣示效忠與服從。倘若無視神的願望與大汗之聖旨，即吾大蒙古國之敵。」
白話翻譯：「這裡我說了算，結盟想都別想！」

⑨ 蒙古高原

　　回程路上異常艱辛，中亞一帶全被積雪覆蓋。當他們抵達基

輔時（西元1247年6月），所有人都以為他們死了。但是柏郎嘉賓滿腦子都是這趟旅行中獲得的重要觀察和體會，他下定決心，不將這些見聞寫成遊記絕不罷休。

若望・柏郎嘉賓的旅行
為什麼重要？

柏郎嘉賓是最早抵達巴格達，並且敘述當地見聞的幾位歐洲人之一。他寫了兩部手稿：一本是《韃靼之書》，另一本的書名很有趣，叫做《蒙古史：我們叫他們韃靼人》[4]。

在這些遊記裡，柏郎嘉賓記述了蒙古人的宗教傳統、歷史、政治、兵法，以及他們生活的方式。例如，當他寫到蒙古人是遊牧民族，而且竟然住在帳篷裡時，筆觸和語調充滿驚訝：

「他們經常搬家，有時是為了征戰，有時是為了尋找新鮮牧草，無論去哪，他們都攜帶自己的房子移動。」

關於飲食習慣，他這麼寫：

「他們什麼都吃，只要是能吃的東西都可以下肚。我們甚至看到他們吃昆蟲！」

身為一個歐洲人、教會修士，並且是受命於教宗的使者，柏郎嘉賓在講到蒙古人和他們的種種習俗時，如果在某些地方表現出嫌惡和反感，並且加以譴責的話，其實也是非常

自然的事。

但是這些情形並沒有發生。他的遊記敘述意外的客觀中肯，也讓大家對蒙古文化有更多認識。

很可惜的是，雖然他帶回許多關於亞洲的新資料，但是這些手稿直到兩百年後才有機會出版。所以在這段時間裡，對大部分的西方人而言，東方世界還是很陌生。

---

4) 事實上，韃靼也是蒙古族的一支。

馬可波羅

馬可波羅、尼可拉斯和馬太歐的東方歷險記

幾乎所有的人都聽說過馬可波羅，以及他到東方旅行的故事。

但是，卻很少人聽過更早之前，他的父親尼可拉斯和叔叔馬太歐

一起到東方的那趟旅行——兩個啥都不怕的大膽商人，

勇於冒險，長驅直入亞洲內陸。

那時馬可波羅還只是個小孩子而已，

但當他稍微長大後，就跟著家族兩位長輩一起踏上旅途。

現在看來，他也算足堪重任，或者我們可以說，至少他沒有扯後腿。

這個故事，從哪裡開始，從什麼時候開始？

十三世紀時，威尼斯是地中海一個很重要的貿易城市。大船從這個港口出發，滿載西方豐富的物資，而另一方面，從東方絲路過來的神祕商人，也頻繁的往來這裡。可是，那個「東方」是什麼？那裡的城市是什麼樣子？他們的國王是怎麼統治的？雖然有旅行遊記敘述過那裡的情況，但那一部分的世界彷彿是另一個星球，遠在比黑海更過去的那頭，想到達那兒，得要像騎馬商隊一樣，旅行好多好多天……。

波羅家族的第一次旅行
（在還沒有馬可波羅的時候）

尼可拉斯和馬太歐兄弟出生在熱鬧繁忙的威尼斯城，兩人長大後都經商。他們在君士坦丁堡和克里米亞地區都設有商辦，因此自然會在兩地之間往返奔波，經營生意。但是，旅行到東方去可就不那麼

尋常了。這趟旅行把他們帶到亞洲盡頭的遠東，還因此認識了當時最有權力的人：忽必烈[5]。

誰是忽必烈？

忽必烈率軍南征北討，攻佔了許多地區，而且對這些剛被征服（或說剛被侵略）的人民施行很好的策略，以減少紛爭。為了確保當地的領袖不會密謀造反，忽必烈用外族人（漢族）來統治某些區域，因為他們並不會涉入太多地方性的衝突。

可能是出於這個原因，或者更有可能是他對西方也充滿好奇，因此，他十分殷勤的接待波羅家族。

在聽取尼可拉斯和馬太歐的稟告以後，忽必烈派他們回去向教宗提出請求：請教宗再派遣一些宣教人士來大元，以教導他的人民。波羅兄弟因此有藉口可以再回到中國。

---

5) 忽必烈是成吉思汗的孫子，成吉思汗被普遍公認是歷史上最讓人畏懼的帝王之一。

- -

你能想像嗎？僅僅一個人統治整個世界的五分之一？這樣的情況就發生在強盛的忽必烈時代，他被尊稱為所有韃靼人的可汗（「汗」的意思是至尊大帝）。他的帝國從太平洋綿延到烏拉山脈，從西伯利亞到阿富汗，換句話說，在當時西方人的認知裡，是全世界五分之一的疆域。

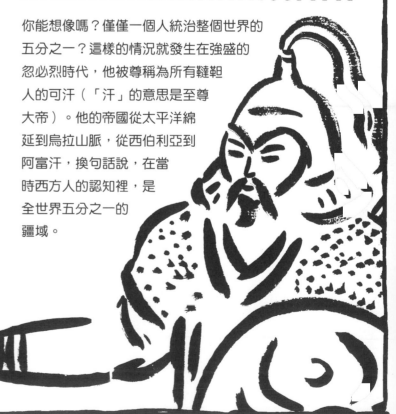

歐　洲

威尼斯 ❶

黑海

❷ 君士坦丁堡

地中海

第二次旅行

❼ 阿克里

大不利茲

紅海

窩瓦河

薩萊 ❸

第一次旅行

鹹海

❾

荷莫茲海峽

❽

非　洲

印

第一次旅行（可能）只有兄弟兩人

（請參閱前一頁的地圖）

好美！

旅程從**威尼斯**❶開始，在西元1260年。當時馬可波羅才六歲，還很小，不太可能跟隨爸爸和叔叔一起去旅行。

尼可拉斯和馬太歐兩兄弟搭船前往**君士坦丁堡**❷，但是，當他們抵達這個城市時，決定穿越黑海，繼續旅行，找尋更好的貿易商機。

在**薩萊城**❸他們認識了別兒哥汗，別兒哥用很好的價錢買下他們隨身攜帶的所有珠寶。他們在宮廷待了一年，當他們決定返家時，戰爭爆發。

因此，他們只好前往**布哈拉**❹避難，在那兒又待了三年，同時學習波斯語，以及熟悉韃靼人的生活習慣。在布哈拉時，有一位忽必烈的特使跟他們聯繫，傳達大汗想認識他們的旨意。

兄弟倆從**莎車**❺出發到**上都**❻，這裡是蒙古大汗暑期避暑的勝地。

這趟遠行漫長又艱辛，暴風雪和河流氾濫的水災不斷拖延他們的行程。終於在一年後，他們抵達目的地，受到熱烈且尊榮的歡迎。

返鄉時，他們隨身攜帶大汗賜的金牌，方便一路通關。兩人回到**威尼斯**❶，這個時候是西元1269年，從他們出發到回家一共歷經九年，而馬可波羅也已經十五歲了。

第二次旅行

（這次有馬可波羅了！）

時間是西元1271年，地點依然是**威尼斯❶**。波羅兄弟再次出發，要去見忽必烈大汗，這次帶著十七歲的馬可波羅同行。

在**阿克里❼**（Acre，今日稱做阿卡，位於以色列）有兩名教宗派遣的道明會修士加入他們的行列（還記得前面說過，忽必烈大汗要求派遣宣教士的事嗎？）。只是沒過多久，這兩位修士就半途而廢了……波羅家族則繼續他們既定的行程。

在**荷莫茲海峽❽**時，他們本來想要走海上水路，但是對船隻沒信心。因此最後還是決定走陸路，並根據地形判斷，再決定是要騎馬或是騎駱駝。接下來一路上也是險象環生：遇到大風暴、地震、河水倒灌、強盜土匪……。

第一階段：穿越**波斯沙漠❾**（才剛開始而已喔……）。可能是因為橫渡沙漠的勞累，馬可波羅生病了。他們在**巴達克山❿**（今天的阿富汗）待了幾個月。山上的空氣有助於治療馬可波羅的病情。

之後一行人繼續前進，橫越**帕米爾高原⓫**：馬可波羅在描述這座山的艱險時，稱它是「世界屋脊」：山高到看不到鳥飛翔，因為氧氣稀薄，火也燒不起來。

現在他們已經踏上絲綢之路了，要繼續穿越另一個沙漠！這次是**塔克拉瑪干沙漠⓬**。

啟程大約四年後，馬可波羅一家終於抵達目的地：**上都❻**，也就是忽必烈大汗的宮廷所在。據說馬可波羅嫻熟多種語言，這對忽必烈有極大幫助。波羅一家總共待了十七年，而大汗賦予的外交任務，也讓他們得以在元帝國境內四處遊歷。

西元1293年，忽必烈已經八十歲。馬可波羅一家擔心忽必烈駕崩後，他們就沒有靠山了，因此決定返鄉。他們找了個藉口，說要護送韃靼公主到波斯去成親，接著就跟隨一支有十四艘船的艦隊從泉州港⓭離開。

他們在**荷莫茲海峽❽**下船，據說他們改道陸路，騎著馬和大象繼續上路。途中遇到強盜，身上攜帶的金銀財寶全部被搶劫一空。

他們於西元1295年回到**威尼斯❶**。

我們怎麼會
知道這麼多關於
這趟旅行的細節？

他們回到威尼斯不久之後，威尼斯就跟熱那亞（鄰近的強大敵對城邦）打起仗來。馬可波羅也參與征戰，最後被俘虜，跟一位叫魯斯帝奇羅（Rustichello da Pisa）的作家被關在同一間牢房。魯斯帝奇羅正愁找不到他下一本書的靈感，而面對空蕩蕩的牢房四壁，再也沒有比聽馬可波羅說故事更生動有趣的事了。馬可波羅一邊說，魯斯帝奇羅一邊寫，就這樣，生出了這本《馬可波羅遊記》（也叫做《奇觀之書》或是《世界風情繪》）。

馬可波羅的故事
大部分都不是單純的幻想？

根據記載，馬可波羅臨終之際，他的家人和朋友要他告解，坦白說出他的遊記裡面，有些是不是瞎掰的、或是誇大不實的？針對這個要求，馬可波羅神回了一句，後來變成了歷史名言：「我所看到的，我都還講不到一半呢！」
　　可是儘管歷史這樣記載，很多人還是認為馬可波羅並沒有去過波斯……。

而且，一個去過中國的人竟然從沒提到萬里長城、茶道，或是人們吃飯用筷子，這些也讓許多人覺得不可思議，要知道萬里長城可是旅人必提的景點。當然，在居住幾乎二十個年頭後，對馬可波羅來說，很多事情可能都變得瑣碎、平淡無奇了。我們不要忘了這本遊記可不是他本人親自撰寫的，而且原來的版本也已經遺失。因此就算出現錯誤、省略或是擅改一些事情，也是再正常不過的。

事實上，有很多研究者比較《馬可波羅遊記》和中國的史書，得到的結論是：這本遊記大部分的敘述和資料來源是可信的（雖然魯斯帝奇羅的筆觸增加了一些奇幻的色彩）。

隨著時間的累積，《馬可波羅遊記》越加啟發了許多探險家的好奇心和想像力。

舉例來說，哥倫布在他著名的發現新大陸航行中，便隨身攜帶一本《馬可波羅遊記》，裡面滿滿的都是註解和眉批。據說，哥倫布決定要走海路前往印度，就是因為讀到這本書裡面對諸多城市的描述。

尋寶之旅可以帶來更多財富？

馬可波羅並非只是單純想要認識中國的旅行家，我們可別忘了，他來自一個很有生意頭腦的家庭。財富令他眼睛發亮。馬可波羅經常提到他所到之處看到的黃金和寶石，也提到許多跟生意有關的觀察（例如，他鉅細彌遺的記下關於貨幣的描述，以及購買瓷器最好的地方）。雖然如此，他對地方的風土民情也興致勃勃，對這方面的描寫和關注遠大於追求財富，這也使得做生意反倒變成一個很好的託詞，可以藉機去認識其他的城市和人民。而這些見聞，馬可波羅在他的遊記裡都告訴我們了。

旅行會改變我們，通常變得更好

剛開始旅行的時候，馬可波羅仍然帶著一雙威尼斯人的眼睛看世界。他很自然的會嘲笑當地的風土民情，以及一些宗教儀式（很多時候我們之所以嘲笑是因為看到不同的事物，感到不熟悉、害怕而產生的反應）。有些歷史學家也評論說，隨著時間越待越久，馬可波羅變得比較開放，也願意學習接受別人的習俗。旅行，很多時候會帶來這種改變。

這個世界有變化很多嗎？

儘管世事多變，也許我們現在的世界和馬可波羅家族的時代並沒有太大的不同：人們依然跟不同族群的人做生意，從中獲取最大的利潤。對西方人而言，中國仍然是一個很神祕的國家（反之亦然）。時而有強勢的領導人，時而有想要擴張領土的國家，也會有貿易戰爭、或是各式各樣的糾紛衝突。當然，今日的世界更是瞬息萬變，速度更快。不過，在十三世紀那個時候，我們講的情況也都發生了。

是誰呢？

伊本・巴圖塔

一趟長途跋涉到亞洲的旅行（還不止是這樣而已）

想像一下，你二十一歲時離家，回來時已經五十歲了！

這是發生在伊本・巴圖塔身上的事情，

他被認為是有史以來最偉大的旅行家。在他漫長的旅行中，

他有時騎駱駝，有時搭船，有時步行，有時獨自一人，

有時跟著商販隊伍一起。他去過印度、中國、印尼，

還有許許多多西方人從來沒去過的地方。

你準備好了嗎？一起踏上這趟漫長的旅行吧！

再見，
伊本！

原本是幾個月的旅行，
沒想到卻不斷延長⋯⋯

西元1304年，伊本・巴圖塔出生在非洲北部的丹吉爾城。他的父親是一位伊斯蘭律法的學者，而他也繼承了父親的衣缽。二十一歲那年，為了更深入鑽研宗教，他決定到伊斯蘭教徒的聖地──麥加去朝聖。出發前，伊本・巴圖塔寫道：

「我決定放下我身邊所有的一切，心愛的人，男人和女人；放下我的家，就像小鳥展翅高飛，離開牠的窩巢一樣。」

他本來應該幾個月後就會回家，但這一去卻是二十九年。

我很快就
回來！

67

俄羅斯

西伯利亞

亞洲

撒馬爾罕

興都庫什山

中國

印度

德里

加爾各答

泉州

門格洛爾

蘇門答臘

馬爾地夫

印度洋

13
14
15
16
17
18
19
20

旅途的幾個階段

（請參閱前一頁的地圖）

西元1325年6月14日，伊本‧巴圖塔從**丹吉爾**
❶出發。

方位：往東；交通工具：一頭驢子！
這趟旅行的前半段沒有同伴同行。

參觀**亞力山卓城**❷的大燈塔（如今已遭毀壞）
以及其他古蹟。
他在這裡與當地最有學問的學者見面。

關於**開羅**❸，巴圖塔形容「世上找不到第二
個這麼美麗璀璨的城市」。當他看到成群的人
用駱駝載運水（開羅大約有一萬兩千人在做這
個工作），令他嘆為觀止。

接著，他選擇比較少人走的路徑，沿著**尼羅河**
❹一路前進，想要穿越紅海到麥加。不過，途
中遇到叛亂，讓他有點膽戰心驚，於是又回到
開羅。
他還參觀了城裡的修
道院、學校和醫院。

他又回到**麥加**❻。這是少數他重複造訪的地方，正因為麥加是伊斯蘭教徒的聖地。

巴圖塔的第一次海上旅行是前往**澤拉**❽。他說這是他造訪過「最不舒服、味道最差」的城市。滿街都是魚腥味，還有屠宰駱駝的血腥味道……。

他對**薩發爾**❾這個地區的香蕉印象深刻。他說他們隨手拿眼前任何一根香蕉秤了秤，就重達400克。

在海邊，他仔細觀察兩位漁夫採集牡蠣的工作。漁夫戴著用烏龜殼做的面罩潛水，可以待在水下很長一段時間。

沿著非洲東岸一路往南航行後，他再度返回荷莫茲海峽，然後回到**麥加**❻。在麥加時，他聽說德里的蘇丹對外國人相當禮遇，因此，他決定出發，前往印度。

在**大馬士革**❺，巴圖塔對城裡的清真寺大為驚豔，他這樣描述：「這是最宏偉壯觀、最完美極致的建築，它擁有最精緻的美，舉世無雙。」
他還補充說道：「依據傳統，在大馬士革的清真寺禱告一次等於平常禱告三萬次。」

終於他抵達**麥加**❻。對這個城市的居民，他的印象是「都很善良」，還有「對外國人很親切」。他們的穿著「服飾優雅，素淨，以白色為主」，使用大量濃郁的香水，眼影眼線畫得很濃，牙齒經常美白。

旅程最後，他並沒有想要待下來。巴圖塔決定參訪更多地方，以便繼續他的研究。

在**巴格達**❼他參觀了浴池（一種溫泉浴），他形容「從未見過如此奢華的浴池」。

在**君士坦丁堡⑩**（今日的伊斯坦堡）看到無數的教堂和修道院，令他大開眼界。他形容：「多到數不清道不盡！」

要從君士坦丁堡到達**阿斯特拉罕⑪**，商隊得穿越一大片沙漠，而且還是在凜冽的冬天！巴圖塔穿上三件皮外套，兩條褲子，其中一條還襯有內裡；腳上先穿一雙羊毛靴，羊毛靴上頭用亞麻束緊收口，然後外面再套上一雙熊皮內襯、外縫馬皮的靴子。

咯咯咯……
好冷啊！

從**薩萊楚克⑫**出發，商隊又要開始一趟新的橫渡沙漠之旅。由於沒有足夠的糧食給駱駝吃，水源也相當缺乏，一路上他們得盡可能加快腳步。

為了抵達**撒馬爾罕⑭**，他們沿著**絲路⑬**走，這條知名的路線，是東方國家到歐洲經商販賣絲綢的必經之路。

穿越**興都庫什山⑮**的路途艱辛又險峻。巴圖塔提到這座山時寫道，因為天寒地凍，積雪很厚，很多印度童奴因此喪命。

他抵達印度的**德里⑯**，在那裡待了八年，擔任法官。當政權更替，時局開始變壞時，他決定離開。

那時他決定到印度南部走走。在**門格洛爾⑰**他被當地人一些「奇妙的行為」嚇到，例如，有人可以禁食好多天，還有人可以預知未來。他說：「顯然他們嚴守自身的戒律……使得他們對這個世界的榮華富貴都已經毫無所求了。」

巴圖塔旅行到**馬爾地夫**⓲群島，大約待了九個月。據說，他在這裡總共結了四次婚。這是當地的習俗，在其他許多地方也很常見。這種「暫時婚姻」，維持的時間幾乎比船隻拋錨靠岸的時間還要短。

從馬爾地夫前往**蘇門答臘**⓳，這是印尼最大的島。當地的蘇丹贈送一艘船給他，好讓他可以到中國。

巴圖塔在中國的**泉州**⓴下船。中國的風土民情讓他感到陌生，但是另一方面，中國的社會組織、公共安全、藝術成就，甚至連水果都讓他驚豔。

西元1349年，巴圖塔動身踏上返鄉之旅。當他回到**丹吉爾**❶時，他先去母親的墳前祭拜，他的母親在他返抵家門的幾個月前因黑死病過世。

返鄉後，巴圖塔依然繼續旅行了好幾年，他還曾經走過**撒哈拉沙漠**㉑，造訪**廷布克圖城**㉒，一直到西元1354年才真正結束旅行，回到家鄉。

認識更多的世界
（旅行的目的之一）

伊本・巴圖塔一開始旅行是由於宗教信仰：第一段旅程是為了到麥加朝聖；第二段旅程走遍了穆斯林世界的所有國家。但巴圖塔旅行的動機可能也出於好奇心和發現的欲望，因為後來他也到訪了其他許多地方，例如中國或俄羅斯南部，這些國家的宗教信仰跟他並不相同。

當巴圖塔抵達中國時，他並沒有掩飾自己認為這個國家很奇怪的感覺。基本上，他沒有遇到任何伊斯蘭教徒；當地人民的生活習慣也都跟他的同胞完全不一樣。雖然感到困擾，巴圖塔並沒有因此放棄欣賞美麗的風景和新奇的事物，甚至連李子和蛋，他都寫在他的遊記裡：

「我本來以為大馬士革的李子已經獨一無二了，直到看到中國的李子才改觀。中國也有極品的香瓜⋯⋯在這裡，我看得到我們國家所有的水果，而且品質更好。」

「事實上，中國的母雞和公雞都很大隻。比我們國家的鵝還要大，他們的母雞下的蛋也比我們的鵝蛋還要大。」

一個為後人開路的旅行者

西元1354年，伊本・巴圖塔回到丹吉爾。之後的十五年，一直到他逝世為止，他一直都在口述他的旅遊經歷和許多想法。

這些紀錄，含括所有跟地理、歷史、民俗風情有關的細節，是後來的旅人相當珍貴的參考材料。我們可別忘了，伊本・巴圖塔的這趟旅行，遠比葡萄牙和西班牙那些航海家所謂的地理大發現還要早一個世紀。因此，也是得益於伊本・巴圖塔，西方世界才有機會認識關於東方的更多細節，也才能替未來的探險做更好的準備。

關於紙鈔的使用，巴圖塔這樣描述：「買賣完全靠一張張的紙鈔交易，每張紙大約一個手掌大小，紙鈔上面還印有蘇丹的印鑑。」我們要知道這種貨幣也是相當創新的：紙鈔的概念十八世紀才開始在歐洲通行，足足晚了五百年。（在中國，西元七世紀就開始使用了。）

巴托羅梅・狄亞士

無所畏懼的旅行

十五世紀的探險家，不僅要抵抗狂風暴雨和猛烈的湍流，

他們還要克服那些從想像力捏造出來的怪物和嚇人的故事！

在經過風暴角（好望角）時，巴托羅梅・狄亞士征服了

一塊叫做阿達瑪斯托的巨石，證明世界並不是止於非洲大陸的南端。

他的這趟旅程，首度將大西洋和印度洋的海上通道連結起來。

這巨浪，這巨浪！

直到十五世紀，歐洲人對地理的知識和地球的概念都還相當有限且薄弱。那時一般只知道有三個大陸（歐洲、亞洲和非洲），但是並不知道非洲的邊界在哪裡；對亞洲許多區域仍然陌生；而美洲，則是完全沒有概念⋯⋯。

當然，有些旅行家像馬可波羅或是伊本·巴圖塔，他們已經穿越幾個大陸，也知道國與國之間有貿易往來。但是，對絕大部分的人來說，旅行仍然是一種不尋常、而且危險的活動，雖然大家約略知道有幾個旅行的樞紐城市或景點，但是都不夠明確可靠。

最常見的情況就是，對於那些不認識的地方，人們經常把地理知識和傳說歷史混淆在一起。例如，當時大家認為赤道附近的區域不適人居，因為太熱了；人們也相信地球上一些地區有怪物和妖魔，就像當時出版的《奇幻故事》（ *Os Livros de Maravilhas* ）裡面所說的一樣。

- -

《奇幻故事》（ *Os Livros de Maravilhas* ）描述一些杜撰的國家和生物。作者把真實事物和自己的想像混雜在一起。因此，故事裡面盡是蛟龍、會長出羊毛的樹、人形獸眼的怪物、會搬黃金的螞蟻、或是單腳巨人⋯⋯。

中世紀的地圖繪製，大多還是參考西元二世紀的希臘地理學家托勒密的地圖。那個時候有的地圖是用 T-O 表示：
「T」代表地中海，將三個大陸分隔（歐洲、非洲、亞洲）
「O」代表一個大洋，環繞所有的陸地。

也有一些地圖，將整個地球分成五個板塊：兩個寒帶、一個熱帶（不適合人居）和兩個溫帶（適合人居）。

十五世紀時，當葡萄牙人想要拓展海上霸權，開發更多世界時，普遍認為過了加納利群島以後的海洋是不能航行的。不過，想像不一定完全正確，因此探險家們決定要證明一下：航程從非洲海岸開始，這是一個由國王胡安一世的兒子恩里克王子嚴謹規畫的計畫。

不是岬角？是岬角！

當時，所有沿著非洲海岸探險的航行都不會越過一個叫「努角」（意同「不角」）的岬角。那個時候還流行一個俚語，跟這個界線玩文字遊戲：「誰要是越過努角，回得去還是回不去？」不過，即使越過了努角，探險家們還是得面臨新的挑戰，其中最困難的任務，就是要經過波哈多角。波哈多角海岸暗礁陡峭，海流強勁，儘管航海文獻早有記載，但從來沒有人征服過。直到西元1434年，一位叫吉爾·埃阿尼什的隨從，經歷十二年的屢敗屢戰後，終於成功達成壯舉！

值得嗎？一切都值得。
只要你的意志不渺小。
誰要想超越波哈多角，
就得先超越痛苦的考驗。[6]

往後數十年，凡是從葡萄牙出發的船隻和商隊，都有辦法一個接著一個，陸續繞過西非海岸的諸多岬角：努角、波哈多角、伯朗哥角（白角）、維德角（綠角）、羅索角（紫角）……。在恩里克王子逝世後，探險隊仍然持續沿著海岸航行，偶爾則會取道非洲大陸內陸。

誰想到世界的盡頭？

西元1487年，葡王胡安二世在位時，葡萄牙的艦隊抵達非洲帕爾塔山脈（請參閱下一頁的地圖）。他們想在這個地方設一個通往印度洋的驛站，冀望再從這個驛站順著海路通往印度和鄰近的國家。葡萄牙人打的如意算盤，是想要找到信奉基督教的王國結盟，一起對抗阿拉伯人和土耳其人（當然，還有香料！）不過，要橫渡大洋之前，必須先通過一個大障礙：也就是非洲最南端，當時很多人都認為那裡是世界的盡頭。據說有船隻航行到那兒，結果海洋突然就沒了，所有的船隻和人員都被一個巨大瀑布拖了下去。真的是這樣嗎？每個船員第一次要經過這個海洋時，滿腦子裝的都是這些故事，把自己嚇得要死。而這一次，由一位叫巴托羅梅·狄亞士帶領的探險之旅，就是一趟真正天不怕地不怕的旅行。

---

6)取自葡萄牙著名詩人佩索亞（Fernando Pessoa）的詩集《訊息》（Mensagem）中的一首詩〈葡萄牙海〉（Mar Português）。

巴托羅梅·狄亞士的旅程

❶ 出發：西元1487年8月，里斯本

船隊由兩艘三桅帆船和一艘運載糧食物資的補給船組成。

❷ 聖喬治米納

船隊可能在這個據點補充物資和新鮮的食物。

❸ 帕爾塔山

從這裡開始，探險隊經過的地方都還沒有名字。有時候，若剛好遇到當天是某個主保日（天主教中紀念聖人的節日），就用主保聖人的名字直接稱呼那個地方；有時候，受到當地的地理特徵引發靈感，就會隨意命名。

❹ 小港灣（呂德里次灣）

由於強烈的暴風侵襲，狄亞士要船隊靠岸。他擔心載運糧食的小船不堪一擊，便下令將補給船留在這裡，並派一群人看守。他還建議這些留守船員下船去跟當地的居民接觸。

❺ 波爾塔灣（折返灣）

情況越來越糟糕。猛烈的風勢連續五天一直把他們吹向北邊，他們不斷折返原地，簡直就像沒出發一樣。

❻ 駛向遠洋一點⋯⋯

狄亞士做了一個勇敢的決定：把船駛離岸邊，往西方遠洋航行。船員們個個直打哆嗦：因為實在又怕又冷！才經歷過非洲的酷熱，如今冰冷的風從四面八方直撲而來。

❼ 現在我們重新朝東方和北方前進！

在遠洋上航行了十三天，什麼都沒看到，他們決定改變方向。首先向東航行，還是沒看到陸地，於是他們試著向北走。

❽ 聖布拉斯灣

二月上旬，終於看到陸地了。狄亞士還沒意識到已經完成創舉：船隊正式越過非洲的最南端，航行在印度洋上了。

❾ 牧人灣

他們在這個小港灣靠岸，一下船，大夥兒又目瞪口呆了：他們沒有看到怪物，而是看到⋯⋯牛。

❿ 船上爭執

狄亞士想要繼續前進，但是其他的指揮官和船員都想回家了，一方面是因為已經沒有糧食，另一方面，航行實在太過艱險。於是，他們打道回府。

⓫ 風暴角（後來的好望角）

回程，他們遇到一陣巨大的風暴，差一點滅頂！（諷刺的是，十三年後，狄亞士又一次在距離這裡不遠處，被風暴襲擊而喪命。）

⓬ 小港灣（第二次）

他們把之前留在這裡的船員接回去，但是已經有五位喪命。這趟航行令大家無比氣餒，以至於那些還倖存的人，看到還有同伴能活著回來（接他們），都激動萬分。

⓭ 里斯本，西元1488年12月

經過漫長旅途，他們終於返抵里斯本，受到熱烈歡迎。從出發到回來，總共花了十六個月又十七天。

我們可以從巴托羅梅·狄亞士的旅行學到什麼？

（包括其他同樣是地理大發現時期的旅行）

十五世紀，葡萄牙的探險家沿著非洲海岸航行，主要是為了獲取當地的物產，帶回葡萄牙王國，例如海豹油、辣椒、黃金、象牙、奴隸等等。往後無數的各種探險也都是相同目的（例如走海路到印度、抵達巴西……），無一不是希望讓國家變得更富強更興盛。

然而，當真正上路時，這些旅行並不全然可以帶進財富，反而往往是一場搏命的冒險，而且還要有很強的適應力才能持續前進，就像詩人賈梅士（Luís de Camões）說的：「邁向前人從未航過的海洋。」

今天，當我們看到當時發生的種種事跡，顯然會讓我們很不舒服，也會令人很生氣：像是販賣奴隸、永無止盡的野心、遇到異族所展現的不友善和不尊重等等。但是，這並不會磨滅旅行的意義。這些旅行讓地球的許多地方建立起第一次的連結，而我們在認識這段歷史時，也應該充分了解它所帶來的一切正面和負面的後果。

跟其他許多旅行一樣，這個時期所做的事情也對科技發展有很大的貢獻。所有可以更精準的指引探險家航行的儀器和設備，都是在大航海時期有了突破性的進展：例如對星辰的知識、地圖繪製、航海用具和造船技術。

大航海時期以前，海洋把人和人彼此分隔；大航海時期以後，也是海洋把人和人之間連結起來。從第一次的連結開始，我們有了今天互相認識的機會，同時，貿易的往來、文化的交流，也永遠改變了這個世界。

因為，在十五世紀之前，地球上的許多人壓根兒不知道還有其他族群的存在。你能想像嗎？

卡達莫斯托（Cà da Mosto），一位威尼斯的航海家，曾經效力於恩里克王子，多次往返航行於非洲海岸，他寫下了非洲居民看到從歐洲來的船隻和船員的反應。當然這篇敘述是卡達莫斯托的語氣，而不是出自非洲居民之口。從這裡我們多多少少可以有個概念，了解這些居民初次接觸外來人時的驚訝：

「當他們從海上看到帆船時，面對這些他們和他們的祖先從來沒見過的東西，信誓旦旦的說，這些是長著白色翅膀的鳥，從奇怪的地方飛來這兒。接著，他們登上船，看見拉曳下來的帆，又說應該是魚。船隻和船員也讓他們大吃一驚，因為能在夜間移動得特別快，讓他們覺得肯定不是人，而是幽靈。」

珍妮·巴雷

史上第一位環遊世界的女性

十八世紀時，法國有一條法令，禁止女性登上皇室的船艦，

同時也不准女科學家或女畫家參與皇室主導的探險活動。

珍妮·巴雷卻甘冒生命危險挑戰法令。

她女扮男裝，搭上「星辰號」——法國第一艘環繞世界探險的船。

一切緣起於一段鄉間散步……

在鄉下農村裡，有些婦女是真正的植物專家。既沒有特別接受教育，也沒讀什麼書，這些被稱做「草地女人」的婦女，卻擁有寶貴又實用的知識，經常幫忙鄰近城市的藥劑師、外科醫師和牙醫師工作，提供他們原料，用來製作藥品。

珍妮·巴雷可能就是這樣的「草地女人」。她出生於法國一個小村莊的貧窮農家，也許因為這個緣故，讓她的人生路上遇到了法國最有才華的植物學家，一位年輕的鰥夫菲利伯·康默森（Philibert Commerson）。

一個偶然的機緣下，兩人在鄉間相遇，加上彼此對植物共同的熱情，珍妮·巴雷和菲利伯·康默森十分投緣，立刻墜入情網，接著兩人便同居。珍妮採拾各種藥草，並跟著菲利伯上課學習，他也漸漸成為眾所矚目的植物學家。

平靜的生活很快就發生變化。菲利伯被任命為皇室植物學家，兩人不得不搬到巴黎。不久之後，新的挑戰再度來臨：菲利伯受邀參加由國王路易十五派遣、布干維爾伯爵擔任指揮官的探險隊。

這個探險隊是法國首度規畫環繞地球的旅行[7]，也是法國在七年戰爭之後想要藉此重振國威的壯舉。

---
7) 此處指橫越大洋環繞世界的旅行。

這支探險隊出發的那一年（1767），法國也出版了世界第一套百科全書（可說是十八世紀的網際網路！）這套百科全書的每一卷，從最先進的科技到大自然生物，內容包羅萬象，是當時一項巨大的成就。

從這裡也可以了解，當時的人對未知世界的渴望，就好像急於低頭探尋，看看鼻子底下有什麼新鮮事。布干維爾的探險也是基於這樣的目的。

然後呢？珍妮的生活變得怎麼樣了？

菲利伯毫不遲疑的接受了這個海上計畫的邀請。十八世紀，每個人都是雄心萬丈，沒有男人會為了愛情而犧牲自己遠大的志向。當然，要拋下珍妮也讓他內心很掙扎，何況她是這麼能幹又勤奮的助手。

這對戀人偷偷的擬了一個計畫：直到出發前夕，菲利伯都沒有找任何助手，打算等到最後一刻，才讓珍妮女扮男裝上船，擔任他的助手。這是多麼大的冒險啊！

出發在即，計畫如期進行。珍妮剪成短髮，用布條裹住胸部，以免被發現，並且改名叫尚。在她眼前，面對的是一趟好幾個月的海上航行，擠在一艘不大的船上，裡面大約有上百個男人！

- -

珍妮打哪兒來的想法去女扮男裝呢？在那個時代，戲劇表演時，常有男扮女裝的角色，當然也有女扮男裝反串的。這個靈感可能還有另一個來源：在一些奇幻誇大的故事裡，常常提到有女扮男裝的海盜。

北美洲

南美洲

太平洋

大西洋

羅什福爾

大溪地

巴塔哥尼亞

珍妮的旅行路線

❶ 出發：西元1767年2月，羅什福爾港（法國）

珍妮女扮男裝出現在碼頭。船長忙著顧一堆行李，無暇注意扮裝的珍妮……。

❷ 開始有人竊竊私語，說船上有一個女生

為了不增加困擾，珍妮說她其實是被閹割。有一陣子船員不再提這件事。

❸ 橫越赤道

船員都是首度穿越赤道線，因此得在這兒接受一個洗禮的儀式：要全身赤裸，或是只能穿極少的衣物，搞得大家全身濕漉漉！可憐的珍妮……

❹ 里約熱內盧

在這個城市近郊，珍妮和菲利伯遇見了這趟旅行最偉大的一項發現：一種在那之前沒有人知道的植物，他們特地以指揮官的名字命名，紀念這趟探險之旅。這就是有名的九重葛（學名「布干維爾Bougainvillea」，現在你可知道這名字是從哪裡來的了）。

❺ 日蝕（西元1767年7月25日）

他們離開里約熱內盧十天後看到了日蝕。之前船上同行的天文學家早就預知到了。科學真是神奇！

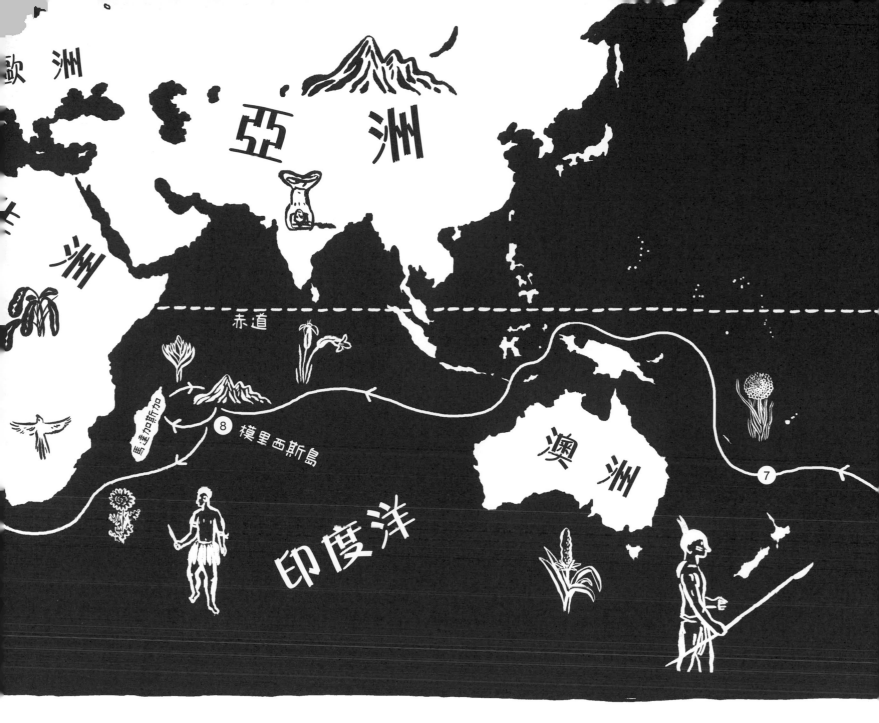

赤道

歐洲

亞洲

馬達加斯加

⑧ 模里西斯島

澳洲

印度洋

⑥ **抵達大溪地**

珍妮的身分可能在這裡被大溪地島的居民識破了。他們不能忍受欺騙，硬要脫掉珍妮的衣服。有一位士兵聽到她求援的叫聲，來幫她解圍。

⑦ **前往模里西斯島途中**

探險隊穿越了大堡礁，繼續往北航行，朝新幾內亞前進。之後，越過印度洋到達模里西斯島。

⑧ **模里西斯島**

菲利伯和珍妮脫離探險隊，他們在島上定居下來，待了幾年，同時也趁機到馬達加斯加旅行。

⑨ **西元1774年，回到法國**

菲利伯逝世後，珍妮嫁給一位法國士官，然後回到法國。幾年後，國王頒授給她一筆退休金，足夠讓她舒服的養老。

里約熱內盧

巴塔哥尼亞

結論：一個勇敢踏上冒險之旅的奇女子

我們可能覺得這情況離譜得好笑：一個女生，女扮男裝登船出海。但是，對珍妮而言，這可一點都不好笑，而是一件相當嚴肅棘手的事情。

不管對男生還是女生而言，海上生活都不容易適應：空間狹窄、缺乏新鮮食物、衛生條件差、味道惡臭、天氣忽冷忽熱、船員頭暈嘔吐、沒有個人隱私⋯⋯。而對珍妮來說，情況就更複雜了，因為她是船上唯一的女生，而且還要守著這個祕密。她是怎麼做到的？

舉例來說：船員們要方便時，是一個緊挨著一個排排站，一起大小便（而且直接解放到大海裡），他們一定覺得奇怪，為何植物學家的助手都不跟他們一起呢？珍妮怎麼解決自己大小便的問題呢？什麼時候擦洗身體

太美了！

這趟旅程隨行的人之中，最有趣的人物是一位王子，他為了逃避債主而躲到船上來。儘管船上條件不佳，但他總是衣冠楚楚，打扮非常跟得上流行，像是絲絨質地的衣服、燙捲髮⋯⋯還有穿高跟皮鞋。巴塔哥尼亞高原的居民覺得這個王子像極了女生。有趣的是，沒人想到這艘船上真的有一個女生。

- -

呢？在船上度過幾個星期後，我們可以想像她一定筋疲力竭了。

自從開始有流言蜚語說船上有女生時，珍妮和船員的互動就變得更緊張檻尬了：珍妮總是隨時武裝戒備，深怕被偷襲或是強暴（一些紀錄有提到被強暴的事）。

很少人知道珍妮‧巴雷的成就

珍妮‧巴雷並沒有留下任何旅行游記，實在可惜。因為，如果能從當事人角度了解她的冒險過程，以及生活上的波折和情緒，一定會很有趣。即使如此，透過其他船員的日記（當然是男人寫的），我們也可以得知她是一位堅強、勇敢、聰明、全力以赴的女人。

這裡有紀錄可以證明：布干維爾指揮官的日記裡寫到，當珍妮的身分被揭穿時，大家要她當面說清楚講明白，珍妮表示「上船時，她就知道這艘船要環繞地球，這趟探險之旅讓她滿懷好奇。」

珍妮在工作上的奉獻也是毋庸置疑的。布干維爾這樣描述：「巴雷是一位植物學專家。她跟隨她的老師的腳步，走過所有跟植物學研究有關的地方，不管是雪地或是麥哲倫海峽的冰山，她總是儲備糧食彈藥，攜帶武器、植物藥草、需要的工具，也總是充滿勇氣和毅力……」。

那男友呢？

菲利伯‧康默森從來沒有正式承認，說他知道珍妮的真實身分。就我們所知，他也從來沒有公開幫忙珍妮、或替她辯護過。還有一件事特別引起大家的關注：在他們採集的六千多種植物裡，竟然沒有一種以珍妮的名字命名。菲利伯曾經將一株植物命名叫「小芭蕾」，但後來發現這種植物已經被命名過了。因此，儘管珍妮勤奮盡責，採集、甚至發現了那麼多植物，卻很少人肯定她這方面的貢獻，而我們真要說的話，就先從她的男友說起吧！因為連他都不見得肯定她。

兩百年後，才還她一個公道

西元2012年，生物學家艾瑞克‧德佩（Eric Tepe）在知道珍妮的故事以後，深受感動，決定要用她的名字命名一種新的植物。這種植物叫「陽光芭蕾」（*Solanum baretiae*），它開的花色彩繽紛，只能在厄瓜多或是祕魯的某些區域看到。

約瑟夫·班克斯

南太平洋的探險

約瑟夫·班克斯不是第一個航向太平洋的歐洲人，

但他所參與的環球探險旅程，被視為是史上數一數二的偉大壯舉。

各位女士，各位先生，歡迎登上奮進號，

這是所有探險隊裡最高貴的船隻。

班克斯：一個與眾不同的男孩

西元1761年，班克斯的父親驟逝，他繼承了一筆巨大的遺產。面對這麼多財富，班克斯如果跟他同年紀和同階級的孩子一樣，最自然的人生道路就是讀書、結婚、然後過著奢華無虞的生活。不過，班克斯跟一般的孩子不一樣。為什麼呢？也許是因為班克斯的媽媽也跟一般的媽媽不一樣……。

蟾蜍，在那個時代被認為是邪門、危險的動物。班克斯的母親卻讓孩子跟蟾蜍一起玩耍，甚至還保護牠們。她認為蟾蜍有很多好處，例如，可以抑制本地昆蟲的繁殖。這種理性的想法在當時是十分先進的，由此也可以知道班克斯接受的教育相當開明。

登上奮進號

不知道是不是受到母親的影響，還是其他原因，班克斯的人生真是非比尋常。他很早就對植物產生極大的興趣（尤其鍾愛野花）。除了熱衷於植物學並積極鑽研以外，他也和許多科學家變成好朋友。班克斯用繼承來的豐厚財產贊助了許多博物學研究的探險隊，而他的一生，也致力於貢獻知識，讓大眾認識世界不同地方的植物。

舉例來說，班克斯嘗試改善探險隊的設備，尤其針對長時間航行時，植物樣本的運送保存問題。

在不到二十五歲的年紀，班克斯登上奮進號，開始史上規模宏大的南太平洋探險之旅，船長是備受尊敬的海軍上校詹姆斯·庫克（James Cook）。

詹姆斯·庫克是一位非常優異的航海家，也是一個高瞻遠矚的人。他是最先開始關注船員身體健康的指揮官，他讓船員睡在空氣流通的房間，喝檸檬水預防疾病（例如可怕的壞血病）。

奮進號是一艘相當先進的三桅帆船，不僅兼顧船上人員的安全和舒適，船上還有各種設備，包括一座圖書館，收藏有關博物學的專書。

任務：觀察金星（只有這樣嗎？）

奮進號的其中一項任務是觀測一個叫「金星凌日」的天文現象，藉此讓天文學家可以更精確的計算地球和太陽的距離（今天我們已經知道這個距離大約是149,600,000公里）。

除了從大溪地（一個絕佳的觀測站）觀測金星以外，庫克船長還有其他的觀測任務，其中特別是要探索南緯40度以南，一個被稱做「未知的南方大陸」的地方，傳說那裡可能有一塊新大陸。換句話說，庫克船長在觀測天空之餘，還要觀測陸地。

至於班克斯，由他執行這趟旅行的第三個任務：研究和採集新物種。他幾乎把他的財富都奉獻在這個領域了。

誰在這艘船上？

出發時總共有94個人登船（還有貓、狗和一些雞⋯⋯），其中包括以下這些人物：

外科醫生
威廉·蒙克豪斯
（William Monkhouse，英格蘭）

藝術家
亞歷山大·布強，
（Alexander Buchan，蘇格蘭）

丹尼爾·索蘭德的助手
赫曼·斯波音
（Herman Spöring，芬蘭）

天文學家
查爾斯·格林
（Charles Green，英格蘭）

藝術家
悉尼·帕金森，
（Sydney Parkinson，蘇格蘭）

生物學家卡爾·林奈
（Carl Linnaeus）的學生
丹尼爾·索蘭德
（Daniel Solander，瑞典）

自然學家和植物學家
約瑟夫·班克斯
（Joseph Banks，英格蘭）

船長詹姆斯·庫克
（James Cook，英格蘭）

中國

日本

太平洋

巴達維亞

澳洲

雪梨

紐西蘭

大堡礁

大溪地馬塔瓦伊灣

10

9

8

7

6

5

班克斯的旅行路線

❶ 出發：西元1768年8月，普利茅斯（英國）

由於一場夏季暴風雨，探險隊延遲十天出發。終於，在8月26日，奮進號航向大海。

❷ 豐沙爾（馬德拉島）

當時的時節並不利於採集昆蟲和植物。但是，探險隊還是在豐沙爾附近採集到數百種的物種標本。

❸ 里約熱內盧（巴西）

經過一個半月的航行後，奮進號抵達里約熱內盧。班克斯沒有獲得登陸的許可……（但是強烈的意願讓他不想遵從規定）。

❹ 前往火地群島

當庫克船長在等待有利的氣候條件，以航行到合恩角時，班克斯組了一個登陸探險的隊伍。沒想到遭遇一場巨大的暴風雪，使得兩個船員因為失溫喪生。

❺ 馬塔瓦伊灣（大溪地）

探險隊在這兒停留了三個月，準備觀測金星凌日（預估在1769年6月3日發生）。他們建了一個臨時觀測站和碉堡。

❻ 出發前往南方

一位大溪地的祭司圖帕伊亞（Tupaia）加入探險隊，據說他對玻里尼西亞的海域相當熟悉，同時他也擔任翻譯，協助團隊和當地部落溝通。

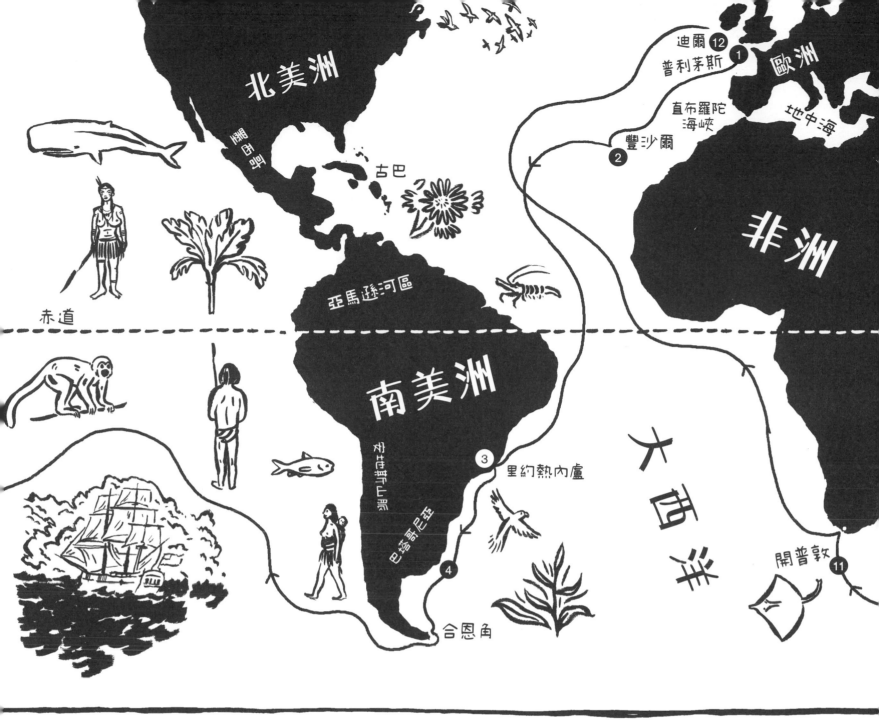

赤道

北美洲

古巴

亞馬遜河區

南美洲

安地斯山脈

巴塔哥尼亞

合恩角

里約熱內盧

大西洋

非洲

歐洲

迪爾 ⑫

普利茅斯 ①

直布羅陀海峽

豐沙爾 ②

地中海

③

④

開普敦 ⑪

---

⑦ **紐西蘭**

探險隊環繞紐西蘭周圍海域，確定這些島嶼不是他們原先想找的那塊未知的新大陸。

⑧ **澳洲**

探險隊在澳洲東岸登陸，當時那裡還是一個不知名的海灣，因此被命名為「植物學灣」。在那裡他們找到大量的新物種，簡直不可思議！

⑨ **大堡礁**

庫克船長把這個區域叫做「瘋狂迷宮」，的確有道理。整整一天二十四小時內，奮進號頻頻撞到珊瑚礁，船體嚴重受損。

⑩ **巴達維亞（今日的印尼雅加達）**

簡直是奇蹟，船隻沒有沉沒，終於成功靠港。但是，到了巴達維亞以後，許多船員開始生病，不是得了瘧疾，就是壞血病。

⑪ **航行到角城（開普敦）**

在抵達此地之前，整支探險隊記錄在案的死亡人數並不多；但是在這兒卻死了三十名船員。因此，每個人都開始渴望回家了……。

⑫ **西元1771年7月，迪爾（英國）**

回到英國以後，最重要的事情是將所有的發現彙整起來。

我們從班克斯的旅程中學習到的東西

（還有庫克船長、索蘭德以及其他許多專家）

奮進號探險隊讓我們認識數百種新物種、得到精確繪製的地圖，以及美輪美奐的素描和繪畫（都由同行的藝術家所繪），還有班克斯和庫克船長所寫，令人驚嘆的兩部日記，裡面鉅細彌遺的描述他們遇到的居民，以及當地的風俗。

這些林林總總的收穫，讓歐洲人了解其他地方一樣有驚人、美麗和不同凡響的事物。到頭來才發現，這個世界不是只有他們認識的樹木、花朵和鳥類而已。這是一個超乎想像的大千世界。

對於紐西蘭種類繁多的鳥類，班克斯這樣寫道：

「今天早晨，我被陸地上的鳥兒叫聲喚醒，這來自野外的天籟，是我這輩子聽過最美妙悅耳的聲音……。」

約瑟夫‧班克斯和年輕的洪堡（參閱第103頁）——這兩個後來變成好朋友的學者理念相同，他們認為所有的發現都應該跟全世界分享，這樣人類的知識才可以更進步。

例如，他將採集到的植物帶回英國後，持續培育生長，提供全世界科學家研究的來源。

班克斯體認到自己所採集的物種的重要性，於是他投注極大的心力在這些植物上，讓每棵植物都保持在最佳狀態。他將每一個樣本都當做是瑰寶一樣對待。

下面這段是他在澳洲寫下的日記：

「我們收集的植物越來越多，因此必須特別小心照料，以免因為夾在書堆中而毀壞。正因為這樣，白天我花很大的心力把它們移到陸地上……大約有兩百本筆記本這麼多，我把它們鋪平排放在蓬布上，白天盡量晒一整天太陽，並且經常移動它們……」。

班克斯和庫克船長帶領的探險隊裡有各種不同專業的人，比起其他成員單調的隊伍，通常只負責觀察特定的目標，這樣顯然有趣多了。

例如，當班克斯花比較多的時間在描述鳥類、植物或海豚時，庫克船長就專注記載他們遇到的部落人民的生活風俗。關於澳洲的原住民，他寫道：

「乍看之下……他們彷彿是這片土地上最悲慘的人，但是長遠看來，他們事實上比我們這些歐洲人都更幸福……」。

（真的嗎？）

班克斯請求庫克船長頻繁靠岸，以便經常到陸地上走動。庫克一開始並沒有每次都聽他的建議，但是隨著日子一天天過去，又因為在船上接觸到這麼多的科學家，庫克船長耳濡目染，也變成一位自然學家了。這種接觸的關係，也是一種知識傳播，感染了船上參與的人員。

庫克船長也是這趟探險後在歷史上留名的重要人物。他學習大溪地的語言，同時也是少數率先接觸玻里尼西亞人的歐洲人。他深刻體認到歷史不能倒退，也在日記裡自我反省，坦承一些探險隊造成的破壞與過錯，給當地人帶來疾病，並導致死亡。

洪堡

一位科學與生態學家在南美的探險

歐洲人抵達南美洲三個世紀之後，

這片廣袤大陸的大部分區域仍然有待開發，

不過原因倒一點也不令人意外：

這裡到處都是蚊子、蟒蛇，悶熱潮濕，

熱帶雨林的氣候對來訪者可是極大的挑戰。

只有堅忍卓絕的人才有辦法承受這種極端惡劣的環境。

這裡我們要介紹的是亞歷山大·馮·洪堡，

還有他形影不離的同伴，邦普蘭。

「我對遙遠未知的一切有一股巨大的渴望」。[8]

西元1769年，洪堡出生於普魯士（當時是德國的一個地區）一個貴族家庭，家裡有能力提供他接受完整的教育。洪堡認真讀書，涉獵數學、物理、植物學、電機、化學、地質學，也接受藝術、音樂和詩文的陶養，這還只是枚舉一些例子而已。然而，我們這位「小藥劑師」（小時候他的家人這樣叫他）可不是個書呆子，他常常有股衝動想要逃出家裡，到附近的森林看看，去蒐集石頭、動物、植物當做他的收藏。

也許因為這個緣故，他也會爬樹，在樹上閱讀偉大探險家的日記，這讓他開始夢想遙遠的異地旅途。

---

8) 引用洪堡的話。

長大後，洪堡依然保有他孩童時期的「赤子之心」。陪同他的嚮導都說他的背包像小孩子的書包，總是裝滿了皺巴巴的紙張、石子和樹葉……。

壯遊的準備

在洪堡的時代，尤其對科學家來說，不容易取得拜訪美洲大陸（也稱做新世界）的通行證。洪堡是一位礦物專家，而且對他的專業充滿熱情，經過幾番遊說之後，他獲得西班牙國王卡洛斯四世的敕令，可以登船出發，那真是稀有的特權，尤其是對一個外國人。

行李？備妥！

洪堡生長在一個科學經歷巨大變革的時代，他在行李中攜帶研究會用到的各種工具和儀器，大約有數十種，都用絲絨襯裡的盒子包裝保護起來：像是指南針、磅秤、望遠鏡、顯微鏡、溫度計、氣壓計、六分儀，還有許多細口小瓶子，用來存放標本、種子、泥土、岩石、植物或氣體。

他也帶了一位年輕的植物學家同行，名叫埃梅‧邦普蘭（Aimé Bonpland）。邦普蘭最讓人樂道的就是膽量，面對蟒蛇出沒時，他都可以處之泰然，面不改色。

洪堡自己後來開玩笑說，他應該還需要一種可以充當第三隻手的工具，用來驅趕叢林中成群的蚊子。

洪堡的行李裡面也攜帶了一種工具叫天空藍度計，用來測量天空的藍色程度，並以色調深淺來判斷大氣的透明度和空氣的濕度。

今天
天藍22度！

出發！

洪堡認為這趟旅程千載難逢，可能是收集新大陸資料的唯一機會。他滿腔熱忱，興奮不已，因此行前他不侷限在一兩個領域，而是廣泛大量收集所有跟自然界有關的文獻。

出發的那一天，他這樣寫道：

「真是欣喜若狂！我要樂昏頭了！」

洪堡的旅行路線

① 出發：西元1799年6月5日，拉科魯尼亞（西班牙）

那年洪堡二十九歲，搭上一艘叫皮薩羅（Pizarro）的三桅帆船。

② 穿越大西洋

航行中，洪堡不停的做這些事情：測量海水的溫度、空氣的溫度和太陽的高度，比較所看見的魚類和鳥類跟自己知道的有何不同，觀測南半球新認識的星辰。

③ 抵達庫馬納（委內瑞拉）

在這個城市，他看到販賣黑奴的交易，還有交易過程產生的暴動。從那時候起，他就變成一位積極的黑奴解放者（就是四處奔走，呼籲廢除奴隸制度的人）。

④ 巴倫西亞湖

在這個地區，他看到原始森林受到破壞的情形，這些來自西班牙的殖民者毫無節制的開發土地。

⑤ 卡拉波索

洪堡在這裡看到印地安原住民一種奇特的捕魚方式：他們騎在馬上，利用馬蹄踩踏的聲響，引誘電鰻浮到水面上來。

⑥ 順著奧里諾科河而上

一陣強風險些吹翻他們的獨木舟。一些植物樣本和書籍掉到河裡，邦普蘭一如往常的沉著冷靜，把這些隨身攜帶的物品都給救回來了。

⑦ 開始翻越安地斯山脈

從卡塔赫納到利馬，探險隊跋涉了四千公里。這趟翻山越嶺之旅讓洪堡相當震撼，因為這是首次由科學家完成的壯舉。

⑧ 停留波哥大（哥倫比亞）

拜訪一位西班牙植物學家荷西‧賽勒斯汀諾‧穆帝斯，他擁有一座讓人驚艷的植物圖書館。洪堡利用這個圖書館來做研究。

⑨ 前往欽博拉索火山

一路走過狹窄山道和陡峭懸崖，洪堡為了挑戰登上火山頂，竟一度想拋棄隨身攜帶的那些寶貴器具，真是讓人傻眼！

⑩ 回程

回程路上，他們在利馬、墨西哥城和哈瓦那（古巴）都稍做停留。這趟旅行的最後一站，他們到了一個新興的國家——美國。在那裡，一行人拜訪白宮，與湯馬斯‧傑弗遜總統會面。

⑪ 西元1804年夏天，抵達波爾多（法國）

洪堡：第一位吹哨人

抵達目的地以後，洪堡繼續他的研究和記錄工作：測量高山的高度、蝴蝶、猴子、植物和鳥禽的顏色等等。從這些觀察中他得到一些有趣的發現，而更有價值的收穫是，他把大自然裡各種元素的關係串連起來。

這些觀察和發現，讓洪堡更想破解迷思，糾正錯誤的觀念。前半段旅行他專注在卡西基亞雷河的探險，並且繪製一幅鉅細靡遺的地圖，證明這條河和地球上兩條最大的河（亞馬遜河和奧里諾科河）的密切關係。

關於前人繪製的地圖，洪堡譏笑說道：「這就像馬德里那邊的人憑空畫出來的一樣！」

洪堡和邦普蘭攀爬許多座高山和火山，他們認為欽博拉索山是世界上最高的山峰。在山上，他看著綿延相連的群山環繞，回想起他畢生研究的物種和岩石，洪堡領悟到，世間萬物彼此都有聯繫：

「大自然就像一張蜘蛛網，由成千上萬條的絲線交織在一起。」

- -

洪堡把所觀察到的事實一一串連起來。當他參訪委內瑞拉一處殖民開採區域時，看到這裡的湖水急速驟降，便立即意識到這個地區的森林遭受破壞（跟他之前在那一帶考察的發現一樣），這樣下去會影響土壤、水流和氣候。洪堡可說是第一位呼籲要注意人類行為造成氣候變遷的科學家。

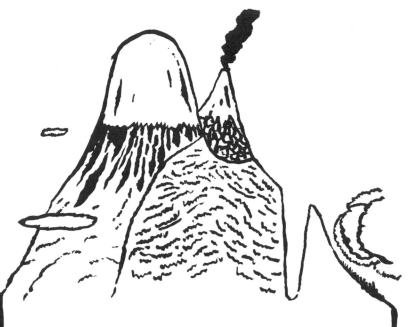

洪堡繪製了一幅令人嘖嘖稱奇的欽博拉索山圖，叫做〈大自然圖繪〉（*Naturgemälde*）。在這張圖表上，我們可以看到植物隨著不同的高度和氣候帶分布。洪堡的結論是，姑且不論物種之間的多樣性，這樣的分布型態放在全世界都是一樣的。

- - - - - - - - - - - - - - - - - - - -

洪堡也提到我們必須認識大自然，否則我們會破壞我們生存環境的一切。對他而言，認識大自然就是浸淫在大自然當中，用五官感受它，同時用科學方法觀察它。

- - - - - - - - - - - - - - - - - - - -

在那個時代，有些宣教士會使用烏龜卵的油脂來點蠟燭，但是沒有顧慮到要留適當數量的卵來孵化小烏龜，以延續生命。因此洪堡的觀察很快就應驗，不幸的結果發生了，就是物種的絕跡。

洪堡是第一位看出地球是一個巨大生態系統的科學家，同時，他也是第一位發出警訊的科學家：如果我們擾亂了這些自然要素的平衡，我們就擾亂了整個大自然的生態系統。

他的這些理念和呼籲太重要了，為了紀念他，人們用他的姓氏命名數百種動物和植物，以及數十座城市、一些湖泊、河流、海灣和山脈。

- - - - - - - - - - - - - - - - - - - -

我們現在介紹的是洪堡企鵝！
（*Spheniscus humboldti*）

「妳呢？我親愛的朋友，不知妳那邊單調的生活過得如何？」

（這是洪堡寫給歐洲朋友的一封長信，信末問候語刻意調侃。）

好羨慕喔！

達爾文

小獵犬號航行之旅

二十二歲的查爾斯‧達爾文，還是一個噩噩渾渾過日子的學生。

就在他的爸爸幾乎要認定他是無用的「魯蛇」時，

忽然來了一個意外的邀請，請他加入南美洲的探險之旅。

這趟旅行不僅改變了達爾文的人生，

也改變了人類認識大自然的方式。

在此之前……

西元1859年，在出版《物種起源》這本書後，達爾文變成西方科學界最重要的名字。這是一本革命性的書，因為直到當時，大部分的人依然相信上帝是所有生物的創造者，而生物則維持恆常的狀態。否定這個理論形同否定造物主神聖的創造，同時也是在說，大自然有其自主運行的規律，不需要上帝這個造物主。這是很少人敢提出的言論。

達爾文和當時許多科學家，對大自然的觀念已經開始改變。人們首度開始假設生物也會演化。

但是缺乏證據，這證據不能有任何可能被質疑的地方。達爾文專注於他的理論，潛心研究二十年，一直到他確定這些結論是正確的，才同意出版《物種起源》。

《物種起源》提出天擇演化的理論，也就是說，生物世世代代會經過一種自然淘選的過程而演化（遺傳特徵中較能適應環境的，就可以進化到下一個世代）。

讓人覺得不可思議的是，這本書的發想過程中，絕大部分材料和觀察都是在小獵犬號探險時蒐集記錄的。

小時候，達爾文就常常跑到自家花園，去觀察爺爺收藏的植物。此外，他也跟著哥哥在花園茅屋的小實驗室做實驗、釣魚，或是獨自散步玩耍。他對昆蟲和金龜子也很感興趣，而且當時他不過才十歲，就已經開始觀察鳥禽了。

找正確的地方問問題

達爾文的個性與眾不同：他問問題的方式很特別，而且總是問很精確的問題。他這些能把所有的事情都連結起來的好奇心和天賦是從哪裡來的呢？也許是來自童年。達爾文成長在一個充滿藝術家和科學家的環境，也有充分的自由可以到處蹦蹦跳跳和胡思亂想。影響他最深的人應該是他的爺爺伊拉斯謨斯（Erasmus Darwin），他曾寫下一首植物學的詩篇。

青少年時期，達爾文的父親十分擔心他的前途。他說查爾斯（達爾文）的心思只放在狩獵和狗兒，並斷言「他會是自己和整個家族的不幸。」事實上，達爾文在學校的表現也不理想，家裡所有人都希望他可以走跟哥哥一樣的路，當個醫學院的學生。可是，達爾文不僅討厭上課，也排斥當醫生的念頭，尤其在他參與過兩次外科手術以後——因為那個時候的手術還沒有開始使用氯仿（最早的一種麻醉劑）。

最後，達爾文告訴家人他永遠不可能當醫生，對於這個兒子，他父親所能想到的唯一出路就是去當神職人員。雖然達爾文興致缺缺，但還是去了劍橋大學，之後在那裡的幾年時光，卻成了他人生中最快樂的日子。他經常騎馬散步，開心的閱讀洪堡的書（他最欽佩的科學家），或是和他的植物學教授高談闊論，這位教授是改變他的人生的重要推手。

經過一個暑假後，達爾文回到愛丁堡，依然沒有勇氣告訴父親他想休學。他聽了幾次動物標本剝製術[9]的課，加入一個專門研究博物學的學生社團，經常跟著社團成員們在海邊散步觀察，研究海底生物。

一個信封……
信封裡面，是一個邀請

暑假尾聲，就在達爾文熱衷的狩獵季節快要開始的時候，有一天，他在家裡收到一封意外的邀請函，請他加入前往南美洲的考察隊，要搭的是一艘叫小獵犬號的船。原來是那位植物學教授推薦他的，教授認為他是適合參與這趟旅行的人選。

小獵犬號這次旅行有一個很重要的目的，就是要繪製一張精確的南美洲西部海岸線和島嶼的地圖，以確定一些城市的經緯度（例如，當時大家對里約熱內盧的確切位置仍然存疑）。這是相當重要的任務，因為一旦完成，就能避免許多船隻迷航或發生船難。

9) 一種技術，用來保存和復原動物遺骸以供展覽。

達爾文加入這個隊伍以後，主要負責兩個任務，一方面陪同年輕的船長費茲羅伊（Robert FitzRoy），因為他面對船上這群教育程度低落的船員會感到不自在；另一方面，則是藉機蒐集博物學研究的材料。

今天在我們看來可能會覺得放棄這樣的大好機會很不可思議，但達爾文當初可是寫了封信婉拒這項邀請，因為一開始他的父親並不同意。後來經過一番波折，包括一位舅舅代為求情，家人才支持他去航行。

不久後，達爾文寫信給費茲羅伊船長，表達他對出發迫不及待的心情：

「此刻，我的第二個人生就要開始了，這一天就像我的重生之日，直到我走到生命的盡頭。」

上船以後，達爾文多了「哲學家」的封號，也有人稱他是「捕蠅人」。他對大自然的愛好和採集多樣物種的興趣感染了船上每個成員，很快的，大家都開始加入採集工作！

達爾文和船長的助手分配到一間大的艙房，但即使如此，空間還是很狹窄。他是個高個子，除此之外，繪製地圖的桌子也擺在這間艙房裡面，於是達爾文只能用漁網當吊床，睡在地圖桌上方，加上他經常生病，所以幾乎長時間都躺在吊床上閱讀。

小獵犬號是一艘小船，還要能夠容納所有船上的人和物品：肉類罐頭、蘭姆酒、乾麵包、防止壞血病的檸檬、保護船隻的避雷針、測量探勘的工具、一座小圖書館，以及至少二十二個航海天文鐘（一種計時工具，可以藉由比較本地與格林威治的時間來測量經度）。

西元1837年，達爾文在一本筆記本裡畫了幾幅草圖，把它們叫做「生命之樹」。這些草圖後來變成一幅架構圖，出現在《物種起源》（1859）這本書裡。在這個架構裡，達爾文用一棵樹來比擬生物的演化，他說越嫩綠、越生氣盎然的分枝，代表如今還存在的物種；而前面較早長出的枝幹，則代表經歷長時間的生命交替，如今已滅絕的物種。達爾文寫道：「當樹還只是矮木的時候，就會長出枝幹，其中只有兩三枝會存活下來，逐漸長成粗壯的主幹。」這幾枝留下來的主幹，就代表了今天我們所知道的物種的起源。

在這頁圖的上方，達爾文只寫下：「我認為。（I think.）」
這就是他深信不疑的理論。

達爾文的旅行路線

1 **出發：西元1831年12月，普利茅斯（英國）**

達爾文暈船暈得很厲害，整趟航行都是這樣。後來他寫道：「我痛恨每一道海浪。」

2 **特內里費島（加納利群島）**

當地政府不准小獵犬號船員下船，因為英國當時在流行霍亂。達爾文感到好失望⋯⋯。

3 **聖地牙哥島（維德角）**

達爾文觀察這個島上的岩石和火山，比較自己在地質學書籍上看到的差異。

4 **拜訪陸地：巴西**

船隻在萬聖灣（今日的薩爾瓦多）停泊。達爾文第一次在熱帶雨林探險。他寫下：「快意這個詞太薄弱，不足以形容我極致享受的狂喜啊！」

5 **里約熱內盧**

船長等待破曉時分，想要來個「華麗風光」的靠港。達爾文離家後首次收到幾封家人和朋友的來信。

6 **內陸探險**

這十八天的熱帶雨林探險中，達爾文看到前所未見的蝴蝶、寄生植物和巨大的螞蟻，又驚又喜。

7 **前往布宜諾斯艾利斯**

由於暴風阻礙，整個航程延遲了四週才抵達。

⑧ 布蘭卡港

船隻在這兒停泊超過一個月，為前往巴塔哥尼亞高原的旅行做準備。達爾文到陸地想撿一些化石，卻發現一個巨大動物的頭骨。

⑨ 火地群島

船隻不斷被莫名的巨浪襲擊，所幸有兩位木匠登船協助，才不至於沉沒。

⑩ 東南沿海

船隊繼續探險，在當地海域航行，偶爾也停靠在陸地。在這一帶海岸探索時，達爾文看到一匹馬的牙齒化石。這個發現讓他產生極大的好奇心。

⑪ 瓦爾迪維亞

在智利的瓦爾迪維亞附近，達爾文第一次經歷到大地震。

⑫ 安地斯山脈

踏上為時三週的旅行，在穿越安地斯山脈的途中，達爾文有太多新的發現，以致於興奮到晚上都睡不著覺。

⑬ 加拉巴哥群島

達爾文觀察這座群島時描述：「這裡的動物好像來自另一個星球。」──蜥蜴、巨龜、鳥類都跟他看過的完全不一樣。在英國時，他就意識到這次的旅行將會改變他對大自然的認知。

⑭ 西元1836年10月，法茅斯港（英國）

達爾文期待回家，但是當他看到英國的海岸時，他承認其實並沒有很激動……

動機讓我們學習得更多更好

登船的時候，達爾文還不是一個知名的科學家，他對自己將來要做什麼也不太確定。在愛丁堡求學時，他覺得所有課程都很無聊，包括他上過的地質學講座。他下定決心「不再讀任何一本跟地質有關的書，也不用任何方式研究科學」。

雖然達爾文在學業上沒有太大的進步，但他總是積極學習學校課程以外的知識，持續發展他的興趣和好奇心，找尋那些可以給他答案的書籍和教授。

他的旅行剛開始時並不順利，但是他清楚知道自己踏上這趟旅程的動機，也知道這將會對科學有很大的貢獻。當他第一天登上維德角的聖地牙哥島，回到船上後，達爾文在日記寫下：

「對我而言，這是榮耀的一天，好比讓一個盲人重見光明。」

當我們閱讀這些文字時，可以感覺得到，一切發生在他生活中的事，都是為了那次航海旅行所做的準備：在花園的實驗室裡玩耍、蒐集金龜子、觀察鳥類、海邊散步、狩獵、閱讀洪堡和查爾斯·萊爾（Charles Lyell）的著作、去上植物學或地質學的課……。

事實上，在抵達聖地牙哥島的前幾個晚上，達爾文重讀一本很重要的地質學專書（查爾斯·萊爾著）。這本書讓他得以充分準備，了解之後幾天觀察到的岩石和火山現象。一旦親臨實境，他就有精確的工具可以分析、提出假設、然後找出結論。

從一個問題到另一個問題

達爾文踏上旅途，一場探險接著一場探險，從一個想法到另一個想法。例如，當他到某個地方時，發現一匹馬的牙齒化石，然後提出疑問：這些動物不過幾個世紀前才被引進這個地區，怎麼可能會形成化石呢？究竟有多少物種是曾經存在過，現在已經消失了呢？生物如此多樣，我們究竟要往北走還是往南走呢？

翻越安地斯山脈時，他看到樹幹的化石，它們一度被淹沒在海裡，經過地殼的變動之後才又升出地面。

問題來了：如果這些現象會發生在岩石或地表，幾千幾萬年來，它們一點一滴的慢慢變化，那麼居住在這裡的生物和人類，難道不會發生同樣的變化嗎？

在加拉巴哥群島時，他看到前所未見的動物，但當時他還沒準備好，無法做出完整的結論。過了幾年，他才提出自己的理論，而之前在那裡的觀察是重要的關鍵，他所看到的鳥類是如此與眾不同，因為這些鳥生活的地方跟外界隔離，因此牠們的演化也跟其他的鳥類不一樣。

很多時候，午夜時分，達爾文不斷思考，一想就是好幾個鐘頭。

「我一直想著白天的工作，幾乎無法入睡。」

坦白說，我們可以說這樣的失眠非常值得！

瑪麗・亨莉達・金斯萊

一趟勇敢的西非冒險

在女人出外旅行只是為了陪伴丈夫的時代，

瑪麗・金斯萊就獨自到西非旅行了。

她所寫的書改變了歐洲人對非洲部落的印象，

也改變了人們對女人的看法。雖然她是一位很傳統的女性，

但她的獨立自主和勇氣，證明女人也可以成為旅行家、科學家，

以及一切她們想成為的樣子。

從平凡家庭到非洲叢林

瑪麗‧金斯萊西元1862年生於倫敦，就在達爾文出版《物種起源》的不久後。她的家庭教育就跟當時的傳統觀念一樣，認為女子無才便是德，為人要謙卑，做事要含蓄。因此，瑪麗並沒有上學，更不要說上大學，只有在家裡跟著母親學認字。長大後，因為心中想認識世界的渴望，她沉浸在父親的圖書館潛心閱讀。她的父親是一位經驗豐富的旅行家，收藏許多跟科學和旅行有關的書籍。瑪麗和當時許多女孩一樣，都是靠自學讀書。她自學阿拉伯文，也研讀人類學和自然科學的書籍。

直到三十歲，除了一次特殊情況讓她得離開倫敦一個星期外，瑪麗從沒出過遠門。因為爸爸經常旅行在外，她必須打點家務、照顧弟弟以及生病的媽媽。這一切在父母過世後有了改變，突然間，剩下她孤伶伶一人，沒有家累，還有些積蓄。

但是她並沒有游手好閒，相反的，她立即想到要完成父親生前未完成的著作：一本有關非洲部落宗教傳統的書。但是為了這個目的，她就必須旅行，去做田野調查。去哪兒呢？還用說嗎？就是非洲！

「如果我是你，我絕對不會去。」
來自朋友的忠告

在那個時代，女人沒有丈夫陪伴就出外旅行是很奇怪的事，更糟的是，獨自一人，而且還是去非洲，那個大家口中所謂「白人的墳墓」的地方。也難怪每個人都苦口婆心的勸退，警告她非洲有致命的疾病、危險的動物、野蠻的部落、炎熱的天氣、蚊子、獵豹和鱷魚……。

「妳決定去西非？我勸妳最好還是掉頭吧！改去蘇格蘭。」一個熟悉非洲大陸的旅行達人這樣告訴她。

然而這些勸告都沒有用：瑪麗心意已決。她準備啟程，同時竭盡所能閱讀所

有書籍，寫信告知當地的政府和生意人，通知他們她抵達的時間。

沒有人把她的決定當真。唯一的例外是一位大英博物館的動物學家，他知道瑪麗的旅行計畫後，拜託她幫忙採集魚類和動物的標本。瑪麗立刻去研究該用什麼方法可以採集到最好的標本，然後，她就出發了。這一趟，是為了「研究宗教和抓魚」，她常這麼說，一半戲謔，一半認真。

瑪麗．金斯萊總共去過西非兩次：第一次去幾個月，她花了些時間跟安哥拉北部的部落相處，為父親的書收集一些所需的資料，之後去剛果河，捕捉一些淡水的昆蟲和魚類；第二次旅行待得稍微久一點，她去了歐洲人從沒去過的地方。那次的經驗就是我們這裡所要描述的。

附帶一提：瑪麗的書並不是學術著作，反而比較像小說。因為她沒有附上地圖，我們無法完全確定她書裡提到的各個冒險地點，究竟是指哪些地方。

旅行途中，瑪麗的打扮就跟她在倫敦時一樣。儘管天氣炎熱，她還是穿著長裙、戴著帽子，很多時候還撐著黑洋傘。有些人描述，她的樣子十足像個「老處女」。

瑪麗‧金斯萊的旅行路線

西元1894年12月23日，瑪麗‧金斯萊從**利物浦❶**出發，乘著巴坦加（Batanga）號，由她的一位老朋友莫瑞擔任船長。

在**加納利群島❷**停靠，她看到特內里費島的火山口大為驚豔，形容說：「這是人類的眼睛所能看到最美的奇景。」

在獅子山的首府**自由城❸**，她看到當地人竟然有辦法赤腳走路，不僅速度很快，頭上還頂著重物。

西元1895年5月，抵達奈及利亞的**卡拉巴❹**。她在遊記裡描述，熱帶叢林的夜晚比白天還要吵：

「黑暗中充滿嘈雜的聲音，有不知哪來的咕咕聲，魚躍出水面的水花聲，螃蟹發出的奇特噪音，樹窸窸窣窣的沙沙聲，還有最不可思議的：鱷魚呼氣的咳嗽聲。」

當她抵達**費爾南多波島❺**（今日的比奧科島）時，仔細記錄了布比族（Bubi）的風俗和傳統。布比族以狩獵聞名，瑪麗的書裡有一部分就是描述他們。

西元1895年6月，她準備到**奧果韋河❻**（法屬剛果，今日的加彭）探險，她進入芳族（Fang）的領土，芳族有吃人的習俗，但後來也變成她最喜愛的部族。她寫道：

「他們容光煥發，表情豐富。一旦走進他們的人群裡，你永遠不會把芳族和其他的部族搞混。」

在奧果韋河上航
行，瑪麗划著獨木舟
順急流而下，真是膽戰心驚⋯⋯
而在蘭巴雷內時，她的獨木舟被鱷魚攻
擊，瑪麗千鈞一髮的逃過一劫！

笑一個！

接下來的旅程，一直到**柯維湖**（Lake Ncovi）
❼，她走訪比較偏僻的區域，也成為首位踏
上這一帶的歐洲人，看到那些從未見過的奇
特動物，令她驚奇不已。

有一天，她看到大猩猩快速的在樹間移動，
她寫道：

「我認為人類犯了一個很大的錯誤，就是把
本來很長的兩隻手臂給截短了。」

又有一次，她遇見了一隻豹，這麼描述驚恐
的心情：

「我感覺牠停在那兒，彷彿有一世紀
那麼長，但是冷靜下來後，
發現其實不過二十幾分
鐘！」

回到喀麥隆後，她著手規畫攀爬**法可山**❽（即喀麥隆火山）的行程，打算要攻頂。有人想勸退她，說爬這座山「可不像是野餐露營」，但是瑪麗仍然不放棄。她取道火山東南面的路線，雖然攀爬途中天候惡劣，但她最終還是成為第一位攻上4100公尺頂峰的歐洲女性。

西元1895年11月，她回到英國。

噢，天啊！

觀察是為了理解

我們必須點出一個重點：那就是，當時的歐洲人自認高人一等，比許多非洲部落先進，他們形容非洲部落野蠻、原始、在各方面都遠遠落後。那個時候非洲大部分的土地都被葡萄牙人、法國人、英國人和德國人殖民，而且即使廢奴制度已經立法，還是有販賣黑奴的交易。

雖然瑪麗·金斯萊的書有助於改變歐洲人對非洲的觀念，但她還不算是真正的革命家。瑪麗對大英帝國的體制依然有著某種懷舊的熱情。不過，她也批評當局執行權力的方式，提到必須尊重原住民既有的傳統，尊重這些在歐洲人抵達以前就已經存在的體制。

我們也不能說瑪麗對非洲人和歐洲人真的完全一視同仁，但她確實跨出了重要的一步，致力打破人們對非洲的偏見。她仔細研究她所認識的部落，展示這些部落複雜又豐富的文化、律法以及

宗教，同時也強力捍衛，認為這些都要保存下來。舉例來說，她毫不客氣的批評宣教人士，說他們意圖宣揚基督教義，是想強行用歐洲的文化取代非洲的本土文化。

總而言之，瑪麗·金斯萊認為非洲部族跟其他的民族沒有兩樣，他們也擁有自己不同的習俗和文化。這個在今天我們看來顯而易見的道理，在十九世紀末卻是一項很大的革命。

為什麼瑪麗·金斯萊能用不同方式看待事情？

因為她實地考察過，也曾經跟不同的部族相處過一段時間。她設身處地的觀察他們，了解他們，而且在許多方面，她尊敬他們。她跟非洲部族共處的時候，不帶任何懷疑、不信任的眼光，而是正直誠懇的態度。當她跟她最欽佩的「芳族」人民在一起的時候，彼此擁有強大的互信情感。關於他們，她寫下：

「我和芳族的人民之間，好像有一種友誼頃刻就被喚醒了。我們知道彼此是一家人，都是人類的一分子，我們應該一起吃喝玩樂，會比互相爭鬥快活多了。」

她毫不猶豫的說出，她從這個部落的男男女女身上學到很多：

「芳族人總是把他們最好的給我，想方設法的教導我，他們告訴我所有事物的名稱，我也告訴他們我所知道的。」

此外，瑪麗・金斯萊不是一個女性主義者，她並不支持爭取女性選舉權的運動，這也讓她成了一個有些矛盾的人物。然而，她一生所展現的獨立自主、堅毅果斷，恰恰證明了女人和男人的能力並沒有什麼不同。

雖然瑪麗成為一位偉大的非洲專家，但是英國的學術界並沒有真的當她是一回事。舉例來說，在一些演講的場合中，每當要傳達她提出的觀念時，就會請一位男士來宣讀她的文章（而她也只能默默的坐在角落聆聽⋯⋯）。

從科學的角度來看，瑪麗・金斯萊的貢獻的確非常大。除了人類學方面的研究，她也留下了地理學上的重要紀錄，還發現非洲許多新品種的魚類，這些都是當時歐洲人從來沒見過的。甚至還有一種魚類用她的姓氏命名：就是西非攀木魚（*Ctenopoma kingsleyae*）。

所幸，情況慢慢的改變了。瑪麗雖然行事低調，但也逐漸佔有一席之地。事實上，我們不禁會想，她傳統保守的為人處世，以及幽默自嘲的寫作風格，這些有可能是她的策略，不鋒芒太露，才可以獲得學術界的肯定和接受。

每個人都有自己的處世方式，瑪麗也不例外：她不在意別人怎麼看她，凡事全力以赴，做自己該做的事──無論是面對鱷魚和豹，或是涉水渡河、翻山越嶺，甚至，和食人族交朋友搏感情。

後記

這本書所提到的旅行家的日記和手稿，或多或少都經過我們改寫，以更適合青少年讀者閱讀。有些無法獲得第一手資料的情況（例如日記等等），我們則參考手邊找得到的一些專書和文章（請參閱書末引用文獻）。

我們也沒辦法總是精確的找到這些旅行家去過的每個地方，因為有些地名或城市不是寫法改了，就是名字換了。

在地圖繪製上，有些旅行家的旅行路線，我們也稍微精簡了。因為部分路線蜿蜒曲折，過於複雜，如果我們全數繪製出來，會平添閱讀的障礙。讀者們可以看到，我們大約只選取旅程中的幾個路段，是我們認為比較重要、比較激勵人心的地點。

另外一項提醒：我們所閱讀的書籍和文章中，有些旅行家的名字有許多不同的寫法（例如玄奘的譯名就有十多種：Xuanzang、Hsuan-Tsang、Xuan-Tsang、Hiuen Tsang……等等）。我們盡可能採用每位旅行家的母語所使用的名字。

參考文獻

Huw Lewis-Jones, Kari Herbert, 2016, *Explorers' Sketchbooks: The Art of Discovery & Adventure*, Thames and Hudson.
John Hemming (e outros), 2008, *Atlas of Exploration*, Oxford University Press.
John Hessler (Author), *Map: Exploring The World*, Phaidon Editors.
Robin Hanbury-Tenison (e outros), 2010, *The Great Explorers*, Thames and Hudson.
Robin Hanbury-Tenison, 2010, *The Oxford Book of Exploration*, Oxford University Press.
Simon Garfield, 2013, *On the Map: A Mind-Expanding Exploration of the Way the World Looks*, Gotham Books.
Sónia Serrano, 2014, *Mulheres Viajantes*, Tinta da China.
Stewart A. Weaver, 2015, *Exploration, A Very Short Introduction*, Oxford University Press.

Alexander von Humboldt
Andrea Wulf, 2016, *A Invenção da Natureza, As Aventuras de Alexander von Humboldt, o Herói Esquecido da Ciência*, Temas e Debates.
Charlotte L Kelner, *Alexander von Humboldt*, *Encyclopædia Britannica*, 24/06/2014, URL: https://www.britannica.com/biography/Alexander-von-Humboldt.

Bartolomeu Dias
A. J. R. Russel-Wood, *Portugal e o Mar, Um Mundo Entrelaçado*, 1997, Assírio e Alvim.
José Manuel Garcia, 2012, *O Infante D. Henrique e o Início da Globalização*, Quid Novi.
José Manuel Garcia, 2012, *D. João II e os Rumos da Expansao*, Quid Novi.
Luís de Albuquerque, Ana M.ª Magalhães e Isabel Alçada, *Os Descobrimentos Portugueses, Viagens e aventuras*, 1994, Caminho.
Maria Cândida Proença e Maria José Pinto, 1997, *A Escola e os Descobrimentos, D. João II*, Grupo de Trabalho do Ministério da Educação para as Comemorações dos Descobrimentos Portugueses.
Vitorino Magalhães Godinho, 1994, *O Papel de Portugal nos Séculos XV e XVI/ Que Significa Descobrir/ Os Novos Mundos e um Mundo Novo*, Grupo de Trabalho do Ministério da Educação para as Comemorações dos Descobrimentos Portugueses.
Vitorino Magalhães Godinho, 2008, *A Expansão Quatrocentista Portuguesa*, Edições D. Quixote.

Charles Darwin
Adrian J Desmond, *Charles Darwin*, *Encyclopædia Britannica*, 15/03/2017, URL: https://www.britannica.com/biography/Charles-Darwin.
Charles Darwin, *The Voyage of the Beagle*, The Project Gutenberg EBook of The Voyage of the Beagle, URL: http://www.gutenberg.org/ebooks/944, data de publicação: 24/06/2013.
Cristina Oliveira, Júlio Borlido, Maria Rui Correia, Projeto Darwin 2009, Pavilhão do Conhecimento/ Ciência Viva, 2017, URL: http://www.darwin2009.cienciaviva.pt/.

Cyril Aydon, 2008, *Charles Darwin, His life and times*, Robinson.
José Nuno G. Pereira e Verónica Neves, 2012, *Darwin nos Açores — Diário Pessoal com comentários*, Observatório do Mar dos Açores.
John van Wyhe, editor. 2002, *The Complete Work of Charles Darwin Online*, URL: http://darwin-online.org.uk/.

Giovanni da Pian del Carpini
Eila M. J. Campbel, *Giovanni da Pian del Carpini*, *Encyclopædia Britannica*, 16/01/2012, URL: https://www.britannica.com/biography/Giovanni-da-Pian-del-Carpini.
Giovanni da Pian del Carpini, *História dos Mongóis aos quais Chamamos Tártaros*, Tradução e introdução de André Simões e Gustavo Infante, Livros de Bordo, Março 2017

Ibn Battuta
Tim Mackintosh-Smith, editor, 2003, *The Travels of Ibn Battutah*, Picador
Ivan Hrbek, *Ibn Battutah*, Encyclopædia Britannica, 17/02/2017, URL: https://www.britannica.com/biography/Ibn-Battutah.

Jeanne Baret
Glynis Ridley, 2010, *The Discovery of Jeanne Baret: A Story of Science, the High Seas, and the First Woman to Circumnavigate the Globe*, The Crown Publishing.
Quentin Wheeler, 08/04/2012, artigo do jornal The Guardian, URL: https://www.theguardian.com/science/2012/apr/08/jeanne-baret-tribute-solanum-baretiae.

Joseph Banks
Joseph Banks, *The Endeavour Journal of Joseph Banks, 25 August 1768 - 12 July 1771*, State Library New South Wales, URL: http://www2.sl.nsw.gov.au/banks/series_03/03_view.cfm.
L.A. Gilbert, *Banks, Sir Joseph (1743–1820)*, Australian Dictionary of Biography, Volume 1, (MUP), 1966, URL http://adb.anu.edu.au/biography/banks-sir-joseph-1737.
The Editors of Encyclopædia Britannica, *Sir Joseph Banks*, Encyclopædia Britannica, 16/03/2017, URL: https://www.britannica.com/biography/Joseph-Banks.
About Joseph Banks, State Library New South Wales, URL: http://www2.sl.nsw.gov.au/banks/banks.cfm.

Marco Polo
Manuel Komroff (introduction by Jason Goodwin), 2001, *The Travels of Marco Polo, edited and revised from William Marsden's translation*; Modern Library.
Laurence Bergreen, 2008, *Marco Polo, from Venice to Xanadu*, Random House
Fosco Mairani, *Marco Polo*, Encyclopædia Britannica, 06/02/2017, URL: https://www.britannica.com/biography/Marco-Polo.

Mary Henrietta Kingsley
Jacob Hanebutt, 2010, *Mary Kingsley*, Site Women in European History, University of Chicago, URL: http://womenineuropeanhistory.org/.
Mary Henrietta Kingsley, *West African Studies*, The Project Gutenberg EBook of West African Studies, URL: http://www.gutenberg.org/files/38870/, data de publicação: junho 2004.
Mary Henrietta Kingsley, *Travels in West Africa (Congo Français, Corisco and Cameroons)*, The Project Gutenberg EBook of Travels in West Africa (Congo Français, Corisco and Cameroons), URL: http://www.gutenberg.org/files/5891/, data de publicação: junho 2004.
The Editors of Encyclopædia Britannica, *Mary Henrietta Kingsley*, Encyclopædia Britannica, 06/03/2017, URL: https://www.britannica.com/biography/Mary-Henrietta-Kingsley.

Pytheas
Strabo, *The Geography of Strabo Volume I (of 3)*, Project Gutenberg's The Geography of Strabo, Volume I (of 3), URL: http://www.gutenberg.org/files/44884/, data de publicação: fevereiro de 2014.
M. Cary e E.H. Warmington, *The Ancient Explorers*, Penguin Books.
Rhys Carpenter, 1966, *Beyond the Pillars of Heracles: The Classical World Seen Through the Eyes of Its Discoverers*, Delacorte Press.
The Editors of Encyclopædia Britannica, *Phyteas*, Encyclopædia Britannica, 16/12/2009, URL: https://www.britannica.com/biography/Pytheas.

Xuanzang
The Editors of Encyclopædia Britannica, *Xuanzang*, Encyclopædia Britannica, 24/05/2013, URL: https://www.britannica.com/biography/Xuanzang.
Der Huey Lee, *Xuanzang (Hsüan-tsang) (602—664)*, The Internet Encyclopedia of Philosophy, 16/12/16, ISSN 21610002, URL: http://www.iep.utm.edu/xuanzang/.
Irma Marx, *Travels of Hsuan-Tsang, Buddhist Pilgrim of the Seventh Century*, Silk Road Foundation, 1997-2000, URL: http://www.silkroadfoundation.org/.
Samuel Beal, 1884, *Si-Yu-Ki Buddhist Records of the Western World (volume 1)*, Trübner, consultado em: URL: https://archive.org/details/siyukibuddhistre02hsuoft.